KB162314

한국어에 힘 더하기

한국어에 힘 더하기

백두현

역락

머리말

'한국어와 한글', 이 말을 들을 때마다 내 마음 깊은 곳에서 뭔가 뭉클 솟아오릅니다. 많은 한국인들이 그러할 듯합니다. 한국어는 우리가 모태에 있을 때부터 어머니의 몸울림으로 들었던 말이고, 한글은 우리가 고사리손으로 가장 먼저 배운 글자입니다. 내 몸과 마음 바닥에는 한국어 말소리의 울림이 파동으로 새겨져 있습니다. 그 파동은 내 손가락 끝으로 흘러나와 한글 자모를 그리고, 한글 문장 덩어리로 응결됩니다. 우리의 몸과 마음에서 우러나와 소리 파동이 되어 귀에 들리는 것이 한국어이고, 소리가 빛이 되어 눈에 보이는 것이 한글입니다.

21세기가 벌써 20년이 지난 오늘날, 한국과 한국인 그리고 한국어와 한글은 커다란 혁신을 맞이하고 있습니다. 지금 한국은 나라 안으로 정치가 소란하고 편갈림 다툼이 벌어지고 있으나, 우리는 여전히 앞으로 나아가며 새로운 미래를 열어가고 있습니다.

갑오개혁 이후 한국인은 서양의 과학과 예술, 철학과 역사를 열심히 배워 왔습니다. 그렇게 서양 문명을 배운 세월이 벌써 한 세기가 훌쩍 넘어, 대략 보아도 130년 정도 되었습니다. 서양의 과학과 학문을 따라

잡으려고 분투하면서 우리는 우리의 말글에 대한 관심을 결코 놓지 않았습니다. 주시경 선생을 비롯한 많은 학자들은 한글을 목숨처럼 중히 여기며 연구하였고 어린이와 청년들에게 우리말글을 가르쳤습니다. 김두봉, 박승빈, 홍기문, 최현배, 방종현, 이희승 등 기라성 같은 학자들이 우리말글 연구의 초석을 놓았습니다. 한민족과 한국을 마음 깊이 사랑하는 한국인들은 이러한 연구를 열렬한 지지로 성원하였습니다. 20세기 일백 년은 우리 모두의 열정을 쏟아 한국어와 한글의 힘을 키워 온 시대였습니다.

그리하여 오늘날 한국어와 한글은 공용어는 물론 문학어와 학술어 역할까지 훌륭히 수행해 내는 수준으로 발전했습니다. 우리의 말글로 신문을 만들고, 소설과 시를 쓰고, 학술 논문으로 지식 창출을 해내고 있습니다. 이것이 바로 성장한 한국어의 힘입니다.

갑오개혁 이전 시대에 한글은 국가의 공문서에 쓰이지 않았고, 학술적 연구 결과를 표현하는 문자로 사용되지 못했습니다. 그 역할을 한자에게 내어주고, 한글은 겨우 곁방살이로 붙어서 오백 년 가까이 버텨 왔습니다. 갑오개혁 이후 지난 일백여 년 동안 한국인의 사용 문자에 엄청난 혁신이 일어났고, 한국어와 한글은 한국인의 일상과 문학예술, 학문 연구를 모두 담아내는 그릇이 되었습니다. 이 일백여 년 동안 한민족이 일구어낸 성과는 그 이전 시대 일천 년의 변화보다 더 큰 것이라 해도 지나친 말이 아닙니다.

한민족은 문자 사용의 역사에서 세 번의 큰 혁신을 겪었습니다. 기원전 3세기경에 한문자漢文字가 한반도에 유입된 것, 1446년에 훈민정음을 반포한 것, 갑오개혁 때 '언문'을 '국문'國文으로 법률화한 것이 우리가 겪은 세 가지의 문자 혁신이었습니다. 이 세 가지 문자 혁신은 한국의 문명 발전에 엄청난 변화를 몰고 왔습니다. 특히 세 번째 혁신 이후 우리는 한국어와 한글로 국민 교육을 실천했고, 이 교육은 한국인이 열망한 근대적 산업화와 정치적 민주화를 일구어낸 거름이 되었습니다.

한국인이 지난 일백여 년 동안 축적해 온 지식의 확장과 학문의 발전 그리고 한국 경제의 성장 등에 힘입어 한국어와 한국 문화가 세계적으로 확산되고 있습니다. 이러한 흐름이 바로 한국인이 맞이한 네 번째 혁신입니다.

네 번째 혁신은 한글로 표현되는 한국어와 한국어로 표현되는 한국 문화와 예술을 아우르는 것이 되어야 합니다. 21세기의 한국은 네 번째 혁신을 일구어내야 하는 전환기를 맞이하였습니다. 21세기의 커다란 전환기에 처한 우리는 우리말글이 가진 역량을 세계인과 함께 하는 '한글 나눔'의 방향으로 나아가야 합니다.

한민족은 평화를 사랑하는 민족입니다. 세계 평화를 위해, 세계 문명의 발전과 인류 행복의 증진을 위한 일에 한국인이 나서야 할 때입니다. 한국어와 한글을 포함한 한국 문화의 세계적 기여를 네 번째 혁신의 방향으로 삼을 수 있습니다. 이러한 미래 전망을 마음에 품고, 이제 우리는 21세기의 한국어와 한글이 세계인을 위한 역할을 할 수 있도록 만들어야 합니다. 이를 위해 우리의 지혜를 모아야 할 때입니다.

나는 한국어와 한글을 연구하고 가르치는 일을 해 왔습니다. 나는 한글과 한글 문헌에 대해 여러 편의 연구 논문과 저서를 냈습니다. 한국어를 이루고 있는 방언과 한글 문헌을 연구하여 여러 권의 학술서를 출판했고, 인문학 관련 교양서를 내기도 했습니다. 이러한 연구와 교육을 실천하는 도중에 우리말글에 대한 에세이를 써서 신문과 잡지 등에 싣기도 했습니다. 그동안 쓴 에세이를 주제별로 묶고 재구성하여 이 책에 담았습니다. 이 책 이름을 '한국어에 힘 더하기'라고 한 것은 나의 연구와 글쓰기가 결국은 한국어의 역량을 키우는 데로 응집된다고 생각했기 때문입니다.

우리가 스스로의 품격을 높이려면 우리말과 글에 대한 지식을 갖추어야 합니다. 한국어를 제대로 아는 것은 곧 한 개인의 '힘'이 되는 것입니다. '한국어의 힘'을 깨닫고 한국어에 대한 풍부한 지식과 이해를 갖춘 사람은 자기의 생각을 말과 글로 정확히 표현해 낼 수 있습니다. 제가 평생을 바쳐온 한국어와 한글 연구도 한국어의 힘을 키우기 위한 노력이었습니다. 이러한 노력을 쏟아서 쓴 글들을 이 책에 모았습니다.

이 책은 다음과 같은 내용으로 구성되어 있습니다.

제1부 '훈민정음을 깊고 넓게 보다'는 제가 쓴 글 중에서 훈민정음과 한글에 대한 글을 모은 것입니다. 훈민정음에 대한 새로운 이해를 제시해 보려 한 글도 포함되어 있습니다. 인공지능과 빅데이터 시대에 우리말글 연구가 갖는 의의와 필요성을 강조하고, 훈민정음의 보편적 가치를 밝혀내고 이것의 현대적 활용에 대한 의견을 펼쳐 보였습니다.

제2부 '한국어의 미래를 생각하다'는 한국어의 발전에 대해 쓴 글들입니다. '한국어는 나의 운명'이라는 글로 시작하여 한반도에서 일어난 혁신 그리고 새로운 혁신을 준비해야 함을 말했습니다. 한국어가 학술어로 더 발전해야 하는 까닭, 한국어 연구를 위한 이론에 대한 성찰도 보탰습니다.

제3부 '한국어에 새살을 붙이다'는 한국어의 어휘에 대한 짧은 글이 여러 편 포함되어 있습니다. 좀 더 재미나게 쓰려고 했던 나의 노력이 깃든 글들입니다.

제4부 '경상도 사투리를 맛나게 하다'는 경상도 사투리를 연구하다가 얻은 단편들입니다. 필자가 일찍이 냈던 『경상도 사투리의 말맛』(커뮤니케이션 북스)도 이런 내용을 담고 있습니다.

제5부 '한글 문화유산을 갈고 다듬다'는 내가 연구했던 한글 문헌에 대한 에세이입니다. 옛 한글 문헌을 왜 연구하는지에 대한 나의 의견을 말하고, 옛 한글 편지에 나타난 생활문화를 소개한 글도 실었습니다. 경상도 지역에서 나온 한글 필사본들에 대해 독자들이 쉽게 읽을 수 있도록 썼습니다. 훈몽자회와 한글 금속활자에 대한 글도 여기에 넣었습니다.

이렇게 엮어 놓고 보니, 이 책은 한국어에 힘을 붙이기 위해 내 나름대로 애써 온 삶의 궤적을 그린 셈이 되었습니다. 훈민정음을 깊고 넓게 보려고 내가 가진 온갖 공력을 쏟아부었고, 한글 문화유산을 갈고 다듬기 위해 곳곳의 옛 한글 문헌을 찾아다녔습니다. 한국어를 나의 운명으로 삼아, 한국어에 새 살을 붙이는 글들을 부지런히 써 왔고, 사투리의 웅숭깊은 맛을 드러내기 위해 우리 할매와 할배들의 말씀에 귀를 기울였습니다. 학부와 대학원의 강의에서 학생들과 같이 현장에 가서 우리말이 남긴 문화유산을 조사하고 연구하였습니다. 이러한 활동에서 나온 글들을 한 권의 책으로 엮어 놓고 보니 스스로 보람을 느낍니다.

나는 경성대학교 문과대학 국어국문학과를 거쳐 경북대학교 인문대학 국어국문학과 교수로서 재직하다가 2021년 8월 31일자로 정년 퇴임을 맞이하였습니다. 아내 안인숙은 나의 든든한 지킴이로 지금의 나를 있도록 하였습니다. 제가 꾸려온 삶의 궤적을 되돌아보며 그동안 도움을 주신 동료 교수님들과 나를 받쳐 준 제자들에게 고마운 뜻을 전합니다. 이 책을 반듯하게 만들어 주신 역락출판사 이대현 사장님과 임직원 분들께 감사드립니다.

2021년 7월 17일 백두현 씀

차례

제3부 한국어에 새살을 붙이다

제4부 경상도 사투리를 맛나게 하다

제5부 한글 문화유산을 갈고 다듬다

제1부

훈민정음을 깊고 넓게 보다

21세기를 위한 한글 정책, 세종 프로젝트를 제안한다

왜, 21세기에 한글의 가치를 다시 생각해 보는가?

한글의 문자론적 우수성은 이미 세계의 저명 언어학자들이 인정한 것이다. 대부분의 한국인은 한글을 한국인이 만든 최고의 발명품으로 인정하고, 세종대왕을 가장 존경하는 인물로 꼽는다. 우리나라 특허청이 '발명의 날' 제52주년(2017)을 맞이하여 페이스북 설문조사를 통해 <우리나라를 빛낸 발명품 10선>을 발표했다. 역시 한글이 압도적 1위였다.

그러나 한글에 대한 한국인의 자긍심은 그리 오래된 것이 아니다. 1443년 12월에 창제된 한글은 1446년 9월에 반포되어 사용되기 시작했다. 조선의 제4대 왕 세종이 한문을 모르는 백성들을 위해 한글을 만들었으나 조선을 실질적으로 지배한 양반층은 공공의 기록 문서는 물론 문학 작품과 역사 기록을 모두 한문으로 썼다. 어쩌다가 진솔한 서정을 읊은 시조를 한글로 짓기도 했으나 이런 글들은 그들에게 극히 주변적인 존재에 지나지 않았다. 그들에게 한글은 '문자'文字가 아니었기 때문이다. 양반층의 대부분은 조선시대는 물론 20세기 초기에 이르기까지 한문 존숭尊崇에 사로잡혀 있었다.

근대 사회에서 민주주의 체제의 성숙이라는 관점으로 보면, 문자라는 소통 매체의 확산은 정치적 민주화의 발전과 그 궤를 같이한다. 구텐베르크의 금속활자가 이룩한 지식의 확산은 근대화와 민주화로 나아가는 토대가 되어 서양 사회를 크게 변화시켰다. 20세기에 한국이 성취한 민주화와 근대화의 과업에는 한글을 통한 교육과 지식의 보급, 정치적 소통이 중요한 역할을 했다. 갑오개혁과 함께 근대식 학교가 설치되었고, 학생들을 가르치기 위한 각종 교과서를 국문으로 간행하기 시작하였다. 갑오개혁 이후부터 한글에 대한 인식이 달라지기 시작하였다. 1945년 해방 이후 대한민국의 발전과 세계적 도약을 가능케 한 요소로 한글을 이용한 교육을 들지 않을 수 없다. 우리는 한글로 적힌 교과서를 매체로 근대 교육을 시작했고, 서구 과학과 문명을 흡수하고 대중화할 수 있었다.

이제 21세기이다. 어느덧 21세기의 전반 20년이 지나가려 한다. 21세기가 더 흘러가기 전에 우리는 한글의 의미와 그 가치를 새롭게 해석하고, 미래를 위한 전망을 세워야 한다. 지난 100년 동안 이룩한 성취를 바탕으로 새로운 미래를 위해 한글의 가치와 의미를 정립해야 한다. 오늘날 세상은 세계화・정보화와 지식혁명, 인공지능과 4차 산업혁명 등 새로운 격동의 흐름에 이미 들어서 있다. 이러한 격동의 시대에 한글의 위상을 어떻게 설정하고 미래를 대비해 무엇을 해야 하는가? 한국 사회의 근간을 이루는 한글과 한국어에 대해 성찰하고, 한글이 가진 의미와 가치를 통찰하는 작업은 우리의 미래를 열어가는 기초를 닦는 일이다.

한글의 태생적 보편 가치와 21세기를 위한 해석

우리는 '보편적 가치'란 말을 가끔 듣는다. 보편적 가치란 시대와 공간을 뛰어넘고, 특정 종족과 특정 사회를 초월하여 인류 모두에게 수용되는 가치를 뜻한다. 가장 먼저 떠오르는 보편적 가치는 '자유'와 '민주', '인권'과 '평등'이다. 현대 지구인이 처한 환경 위기를 고려하면 '생태' 보전도 여기에 넣을 수 있다.

나는 이 글에서 한글이 태생적으로 지니고 태어난 보편적 가치를 밝혀 그 의미를 해석하고, 당면한 21세기의 시대적 요구에 부응하는 한글·한국어 정책을 제안하려 한다. 한글은 과연 어떤 보편적 가치를 지니고 있는가? 한글의 태생적 보편 가치는 무엇이며, 그것은 어떤 의미를 함축하고 있는가? 과거의 역사 속에서 이 보편적 가치들이 어떻게 전개되어 왔으며, 현재는 어떠한 상황에 놓여 있는가? 그리고 이 보편적 가치가 현재의 인간 삶에서 어떤 의의를 지니는가? 이런 질문에 답하면서 한글의 가치를 새롭게 해석하고자 한다.

한글은 태생적으로 민주성·과학성·철학성이라는 세 가지 보편적 가치를 내재하고 있다. 이 세 가지 보편적 가치의 본질은 『훈민정음』 해례본 텍스트에 기술되어 있다. 한글은 태생적으로 백성을 위해 만들었다는 창제자의 정치적 가치관이 뚜렷한 문자이다. 한글은 창제 원리와 관련하여 철학적 보편 가치를 내재한 문자이다. 이 점은 한글이 가진 매우 특별한 성격이다. 세계의 어떤 문자도 한글과 같이 창제 목적 및 창제 원리와 관련하여 보편적 가치를 내재한 경우는 없다. 한글에 내재된 '민주성'은 인류 역사에서 끊임없이 지향해 온 민주주의의 본질적 가치를 말한다. 인류사에서 과학은 인간의 삶을 바꾸는 근본적인 힘으로 작용해 왔고, 현대 사회는 과학기술을 기반으로 작동하고 있다. 이런 점에서 '과학성'은 인류의 보편적 가치 중 하나로 간주된다. 한글의 제자 원리에 내재된 '철학성'은 천지인天地人 삼재三才의 원리와 음양의 원리로 대표되는바 인간과 자연의 조화를 추구하는 지구적 과제와 관련된다. 한글에 내재된 민주성・과학성・철학성이라는 보편적 가치는 이 문자를 쓰고 있는 한국인의 삶 속에 살아 있는 힘으로 작용하고 있으며, 세계인에게로 확장될 수 있다.

한글이 지닌 태생적 특성의 하나로 융합성을 더 보탤 수 있다. 이 융합성은 15세기 중엽에 만든 한글에 녹아들어 간 다양한 학문적 방법론과 사상을 뜻한다. 앞에서 말한 보편적 가치와 달리 융합성은 한글을 만든 기술적 특성을 가리킨다.

한글이 지닌 민주성의 뜻과 그 실현

한글의 민주성은 이미 누구나 다 알고 있는바, 세종이 지은 『훈민정음』 어제 서문에 나타나 있다. 문자를 모르는 백성[愚民]들이 말하고자 하는 바가 있어도 마침내 제 뜻을 펼 수 없음을 딱하게 여겨 새로 스물 여덟 글자를 만들었고, 사람들이 이를 쉽게 익혀 나날의 쓰임에 편케 하고자 한다는 것이 세종이 밝힌 창제 목적이다. 여기서 말한 '문자'는 한문을 가리키고, '우민愚民'은 한문을 모르는 여성들과 어린이 그리고 평민층 이하 사람들을 뜻한다. 한글은 백성이 주인인 문자로 만든 것이니 이것이 바로 한글의 태생적 '민주성'이다. 한글이 태생적으로 민주성을 내재함에도 불구하고 이 민주성이 조선왕조에서 발현되지 못한 것은 조선이 민주주의라는 사회 제도와 정치적 여건을 갖추지 못했기 때문이다. 민주성을 띤 한글과 왕조 시대는 서로 조화를 이루기 어려운 본질적 괴리가 있었다. 15세기에 백성을 위해 한글을 창제한 것은 시대를 너무 앞서간 것이었다.

한글의 민주성이 진정한 수준에서 발현된 것은 일제 침탈 이후 국권을 회복한 1945년 이후의 일이다. 민주주의 제도가 수립되고 제헌의회가 구성된 이후 문맹퇴치운동이란 이름으로 국민을 대상으로 한 한글 교육이 국가 정책으로 시행되었다. 그리하여 1960년에 이르러 한글 문해자文解者 인구 비율이 90%를 상회하게 되었다. 한글의 태생적 민주성은 사회 제도로서의 민주 체제가 시행됨으로써 구현될 수 있었다. 왕권 중심의 귀족 양반사회인 조선시대에서 한글의 민주성은 꽃피울 수 없었다.

한글 창제와 그것의 활용으로부터 획득된 민주성이란 유전자(DNA)는 한국인의 몸에 내재되어 한국 사회에 작동하고 있다. 오늘날 민주주의는 현대 사회의 핵심 가치로 전 지구적 차원에서 작용하고 있다. 오늘날 세계의 여러 나라에서 민주화의 큰 흐름이 진전되고 있다. 한글에 내포된 민주성은 민주주의의 실현이라는 지구적 과업과 맥락을 같이한다는 점에서도 그 의의를 찾을 수 있다.

한글이 지닌 과학성의 본질과 현대적 실현

한글을 왜 과학적 문자라고 하는가? 자음 글자의 과학적 제자 원리는 조음기관 상형 원리이다. 아음(어금닛소리), 설음(혓소리), 순음(입술소리), 치음(잇소리), 후음(목구멍소리)으로 나누고, 각 조음기관에서 하나의 기본자를 만든 다음, 나머지 글자는 소리의 세기에 따라 2단계에 걸쳐 획을 더하여 만들었다. 이런 과정으로 자음 17개 글자를 만들고, 그 밖에 필요한 글자는 이미 만든 글자를 서로 합성하였다. 같은 글자끼리 합성하는 방법도 있고, 다른 글자끼리 합성하는 방법도 있다. ㄱ을 합성하여 ㄲ을, ㄷ을 합성하여 ㄸ을 만든 것이 전자이고, ㅅ과 ㄱ을 합해 ㅺ을 만들고 ㅂ, ㅅ, ㄱ을 합해 ㅄ을 만든 것이 후자에 해당한다.

모음 글자는 혀의 움직임과 소리의 청각적 느낌을 3단계로 나누어 기본자 세 개를 먼저 만들고, 나머지 글자는 이 셋을 서로 합성하였다. 모음의 발음에서 가장 중요한 것은 혀와 입술의 움직임이다. 이 점을 알고 있었던 세종은 혀의 움직임을 '설축'舌縮(혀의 움츠림), 입술의 움직임을 '구축'口蹙(입술의 오므림)이라고 표현했다. 세 개의 모음 글자꼴은 천지인 삼재의 모양을 본떠 만들었다.

세종은 소리를 다루는 성운학과 음양 원리와 삼재론을 논하는 성리학에 밝았다. 세종은 깊고 넓은 학문적 온축蘊蓄에서 비롯된 창의성과 융합 능력, 집중력을 갖추고 있었다. 한글을 창제하고자 하는 의지도 강했다. 이 의지가 최만리 등의 한글 창제 반대파를 누른 것이다. 세종이 한글을 만드는 과정에서 수많은 시행착오도 있었을 터이고, 문자 창제 작업의 여러 단계를 오르내리며 얼마나 많은 수정을 했을지 짐작조차 하기 어렵다. 한글 창제 과정에서 세종의 고심과 노심초사는 최만리의 상소문이 증언해 준다. 임금이 국정 서무를 모두 세자에게 맡기고 병환 치료차 청주 초수리에 행차해서까지, 급한 일도 아닌 정음 일에 매달려 옥체의 조섭調攝에 방해가 된다는 말이 상소문에 나와 있다. 세종은 인생의 남은 힘과 열정을 훈민정음 창제에 집중했던 것이다.

민주성의 가치가 그러했듯이 한글의 태생적 과학성도 15세기 이후 긴 세월 동안 진가를 발휘하지 못하였다. 한글의 과학성은 타자기 시대가 끝나고 컴퓨터 시대가 도래하면서 비로소 입증되었다. 세종은 한글을 각각의 소리글자(음소문자)로 만들고서 실제로 쓸 때는 이들을 합쳐 하나의 소리마디(음절) 단위로 표기하도록 규정했다. 'ㅅ, ㅜ, ㅁ'을 낱자로 각각 따로 만들고 나서 이들을 한 음절로 합쳐 '숨'으로 표기하는 법을 정했던 것이다.

이러한 음절 단위 표기 방식은 1950년대부터 1970년대까지 이어진 타자기 시대에는 아주 불편한 것이었다. 타자기는 자모의 낱자가 일직선으로 배열되는 로마자를 위해 개발된 것이다. 이 기계를 음절 단위로 모아쓰는 한글에 적용하니 쳐 낸 글자의 자형도 균일하지 못하고 쳐 내지 못하는 글자도 부지기수였다. 이런 문제점을 해결하고자 최현배 선생은 한글 풀어쓰기를 주장하며 로마자를 닮은 한글 글꼴까지 만들었고(『글자의 혁명』), 공병우는 세벌식 글자판을 개발했다. 그러나 1980년대부터 한국에 도입된 개인 컴퓨터는 문자 구현 방식의 기술적 혁신으로 타자기의 한계를 한꺼번에 뛰어넘었다. 현대 과학기술의 총아인 휴대전화에서 한글은 그 진가를 여지없이 발휘했다. 휴대전화의 글쇠는 몇 십 개에 지나지 않는다. 세계의 문자 중에 휴대전화 글자판에서 살아남아 쓰이고 있는 문자는 로마자와 한글 등 몇 개에 지나지 않는다. 한글의 과학적 제자 원리, 특히 합성의 원리가 휴대전화의 글자판에서 가장 중요한 기술적 수단이 되었다. 한글의 과학성은 오랜 세월 동안 잠재된 상태로 가라앉아 있다가 컴퓨터와 휴대전화 시대에 이르러 진정한 가치를 실현하게 된 것이다.

한글이 지닌 철학성의 본질과 미래적 가치

한글의 철학성은 한글의 제자 원리에 작용한 삼재론·음양론·오행론·상수론으로 함장含藏되었다. 삼재론은 세계를 구성하는 기본적 구성 요소 혹은 우주 변화의 동인으로 작용하는 세 가지 요소를 천天·지地·인人으로 본다. 삼재론은 한글의 음절 삼분법, 모음의 기본자 ·, ㅡ, ㅣ의 글자꼴 책정, 그리고 초성·중성·종성을 모아쓰도록 한 합자법 규정 등에 적용되었다. 삼재의 상호 작용으로 삼라만상을 이해하려는 역학 이론이 삼재론이며, 이는 한글 제자 과정의 여러 국면에서 내재 원리로 작용하였다.

삼재론은 천지天地(=자연)와 사람의 조화로운 관계를 지향하는 사상이다. 음양오행론은 우주를 이루는 다섯 가지 근본 요소의 상호 결합과 조화가 만물 운행의 이치라고 보는 사상이다. 현대의 산업 사회에서 삼재론이 갖는 의미가 적지 않다. 삼재론은 인본주의이면서 동시에 인간과 자연의 공존과 조화를 바탕으로 한 사상이다. 환경 문제로 위기에 처한 지구에서 이 삼재론은 자연과 인간의 관계를 설정하는 데 중요한 가치관으로 기능할 수 있다.

한글에 녹아든 융합성의 본질과 미래적 가치

한글이란 구조물은 성리학과 성운학의 여러 이론, 이두와 향찰로 우리말을 표기해 본 경험, 그리고 세종이 창안한 독창적 방법론이 창조적으로 융합하여 이루어진 것이다. 한글에 융합된 요소는 다음 몇 가지로 요약된다. 첫째, 문자 창제의 기반으로 수용된 역학 이론—삼재론·음양론·오행론이다. 둘째, 음성 분석을 위해 도입된 성운학 이론으로, 성모를 분류하는 오음법·청탁법 등이다. 셋째, 한글의 사각형 구조와 모아쓰기 방식은 한자의 구성 원리가 융합된 것이다. 넷째, 차자借字 표기에서 축적된 우리말 표기의 경험인바, 음절 삼분법은 종성을 분리해서 표기한 차자 표기법의 전통과 관련된다. 다섯째, 세종이 창안한 초성의 발음기관 상형법과 가획법, 초성자의 병서법과 연서법, 중성자의 삼재 상형법, 중성 음가 파악을 위한 설축·성심·구축의 개념, 중성 기본자의 합성법 등이 한글에 융합되어 있다. 융합은 디지털 인공지능 시대에 가장 중요한 화두이자 과제이기도 하다.

21세기의 한글을 위한 세종 프로젝트를 제안함

우리는 지금 2020년대에 살고 있다. 한글에 내재된 보편적 가치와 융합성의 의미를 21세기에 어떻게 창조적으로 변용해 낼 것인가? 이에 대한 답을 찾는 일은 우리에게 부여된 과제이자 사명이다. 필자 혼자 불쑥 할 수 있는 일이 아니다. 다만 당면한 현실과 관련하여 나의 소견을 밝혀 본다. 21세기 현대 사회를 이끌어 가는 열쇳말은 '지구환경'과 '인공지능'이다. 지구환경 문제는 인류가 부딪힌 커다란 위기이다. 인류의 장기 존속을 위해 이 문제는 반드시 풀어야 할 과제이다. 다른 별로의 탈출은 극소수만을 위한 일이다.

한글에 내재된 철학성, 그중에서도 삼재론은 천지인의 조화로운 공존을 지향하는 가치관에 부합한다. 자연친화성을 띤 한글의 가치를 인식하는 한글 교육과 그 사용을 통해, 우리의 미래 세대에게 지구환경 친화성 자질과 실천 능력을 키워 갈 수 있다. 한글에 내재된 과학성은 '정보화'와 '인공지능'에 동시에 관련된다. 특히 인공지능은 온갖 관련 학문의 융합을 통해서만 가능한 분야이다.

한국은 7천만 인구가 사용하는 한국어를 갖고 있으며, 한국어를 표기하는 독자적 문자인 한글을 보유하고 있다. 한글은 단순한 도구 차원의 표기 수단이 아니라 인류의 보편적 가치를 내재하고 있으며, 온갖 학문 이론이 융합되어 있다. 우리는 한글을 창조한 경험을 갖고 있으며,

단순 도구가 아니라 가치를 담아낼 수 있는 한글이란 그릇을 사용해 왔다. 한글의 가치를 21세기에 재창조하는 길을 찾아야 한다. 필자는 세종 프로젝트에 포함될 다음 세 가지 정책을 제안한다.

① 30·30 한국어 데이터 사업

첫째, 30년 동안 매년 30억 원을 투입하는 한국어 데이터 사업을 수립하자는 것이다. 1단계를 10년으로 하여 3단계 30년간 이어지는 장기 데이터 사업을 국가 차원에서 시행해야 한다. 관련 분야의 핵심 전문가들이 모여 한국어와 한글 데이터 사업 전체를 정비하고 장기 계획을 짜야 한다. 이 일을 관장하는 국립국어원을 총리 직속 기구로 승격하여 과학기술부, 교육부 등과 협력하는 언어 데이터 사업을 추진할 필요가 있다. 그러려면 여러 부처에 흩어진 업무를 종합하고 통섭해 낼 수 있는 조직이 필요하다. 이런 조직을 새로 만들 필요는 없다. 국립국어원의 위상을 변경하면 된다.

한국어 데이터는 언어 빅데이터이다. 언어 데이터는 핵심적 자원이자 기술 개발의 원천이다. 인공지능 기술 개발에서 언어 데이터는 '산업의 쌀'이다. 아무리 뛰어난 인공지능 모듈을 개발했다 하더라도 양질의 데이터가 없으면 무용지물이다. 빅데이터의 대부분에 언어(문자+음성) 요소가 포함되어 있다. 구글, 페이스북, 마이크로소프트, 바이두 등 세계적 기업들은 언어 데이터 구축과 연구를 위해 수십 개의 프로젝트를 운영하고 있다.

한국은 국립국어원 주도로 <21세기 세종계획>(1998~2007)을 10년간 수행하여 1억 3천만 어절의 말뭉치를 구축하였다. 국립국어원에서 2008년 12월에 <21세기 세종계획> 2단계 계획(2010~2014)을 세워 정부에 제출했으나 언어 데이터의 중요성을 이해하지 못한 예산 부서가 '이미 한 사업을 왜 또 하느냐'라고 따지면서 예산 배정을 거부했다. 국립국어원에서는 그나마 작은 규모의 예산을 확보하여 한국어 학습자 말뭉치, 수어 말뭉치 등 소규모 특수 말뭉치를 꾸준히 구축해 왔다.

2010년 이후 한국이 대규모 말뭉치 사업을 중단하고 있던 10년 동안 외국의 말뭉치 구축은 크게 확대되었다. 미국의 경우 2000억 어절, 일본・중국 등은 100억 어절 이상을 확보했으나 한국은 공개된 10년 전의 2억 어절과 기관별로 구축한 미공개 말뭉치를 합해도 10억 어절을 넘지 못하는 수준이다. 이런 현실에서 '인공지능'이나 '4차 산업의 미래'를 아무리 떠들어 본들 공염불에 지나지 않는다. 한국 정부는 10년 동안 이와 관련된 사업을 방치해 두었다가 2019년도에 상당한 금액의 예산을 갑자기 국립국어원에 주어 웹 말뭉치, 신문, 구어 등 다양한 말뭉치 구축을 관련 업체가 주도하고 대학이 참여하는 방식으로 진행하고 있다. 단기간 사업이라 데이터의 양적 팽창은 있겠지만 짧은 기간에 질적 수준을 높이기는 어렵다.

② '세종 디지털 도서관' 설립

둘째, 한글로 표기된 일체의 기록물을 디지털화하여 보존하고 연구하는 '세종 디지털 도서관'의 설립을 제안한다. 조선시대 한글 문헌과 저작권이 소멸된 일체의 한글 도서를 디지털화하는 기관을 세우자는 것이다. 미국의 구글은 세계의 간행물을 디지털화하고 있고, 중국은 한자가 들어간 과거의 도서 일체를 그들의 언어 자원으로 간주하여 디지털화하는 다양한 사업을 진행 중이다. 20여 년 계속하고 있는 '유장儒藏'이 그중 하나이다. 조선시대에 생산된 한문 전적典籍은 물론 대부분의 한글 문헌에도 한자가 들어가 있다. 가만히 있다가 과거 우리 조상들이 낸 도서들은 중국으로 귀속되고, 근현대 출판물은 구글로 귀속될 판이다. 저자 사후 70년이 지난 저작물은 누가 가져다 써도 법적 책임을 물을 수 없다. 그러나 디지털화한 파일은 제작 주체가 데이터 저작권을 소유한다. 이대로 가면 우리의 언어문화 자원을 우리보다 저들이 먼저 디지털 파일로 쥐게 된다. 이런 위험을 대비하는 방안이 '세종 디지털 도서관'이다. 건물을 크게 지을 필요는 없다. 대형 서버 컴퓨터를 설치하고 이를 관리할 수 있는 공간만 있으면 된다. 실제 업무는 개인이 가정에서 웹을 통해 할 수 있으므로 학위를 가진 전 분야 청년 학자들의 일자리를 만들어 줄 수 있다. 이런 도서관의 모델은 이미 외국에 있다. 프랑스의 IRHT(Institut de recherche et d'histoire des textes)와 미국 보스턴의 터프츠 대학에서 운영하는 페르세우스 디지털 도서관(Perseus Digital Library)이 좋은 참고점이 된다. 그리스 고전을 포함한 서양의 주요 고전을 엄격하게 검증한 새로운 비판 정본(editio critica)을 구축하여 웹에서 제공하는 페르세우스 프로젝트는 원천 자료를 갖지 못한 미국의 한계를 극복한 것으로, 디지털 인문학의 좋은 사례로 평가받고 있다(안재원, 서양의 고전 활용 현황-디지털 문헌학을 중심으로). 이런 작업을 한글 문헌에 적용해 보자는 것이 '세종 한글 디지털 도서관'이다.

이 도서관은 한글의 보편적 가치를 현대화하는 마당이 될 것이다.

기초 연구와 응용 연구의 병행

셋째, 한글과 한국어에 대한 기초 연구와 응용 연구를 병행하는 연구 전략이 필요하다. 한국어 자원의 산업화를 지향하는 데이터 구축 사업은 응용 연구를 위한 성격이 강하다. 이 방향을 지나치게 강조하면 한국어 기초 연구가 부실해질 수 있다. 인공지능 기술 개발에서 가장 중요한 것이 '자연어 이해' 영역이다. 이것이 제대로 되지 않으면 데이터의 질적 수준이 크게 떨어져 고도 기술 개발이 불가능하다. 자연어 생성, 정보 추출, 자연어 처리 활용 영역의 기술 개발은 고품질의 자연어 이해를 바탕으로 해야 한다. 한국어의 음성·형태·문법·의미에 대한 기초 연구가 데이터의 품질 향상에 필수적이다. "쓰레기가 들어가면 쓰레기가 나온다."라는 말은 빅데이터에 딱 맞다. 대조언어학과 언어유형론의 관점과 방법론으로 한국어의 구조적·의미적 특성을 밝히는 기초 연구와 이에 기반을 둔 양질의 데이터를 구축하는 것이 인공지능의 연구에 꼭 필요하다(남길임). 한국어 데이터의 질적 수준을 높이기 위한 다양한 학문적 연구가 필수적이고, 이를 위한 젊은 연구자 양성 또한 긴요한 일이다.

우리는 한글과 한국어의 미래를 위한 장기 계획을 세워 차근차근 진행해 나가야 한다. 1단계 세종계획 이후 후속 사업이 곧바로 시행되지 못한 점은 참으로 아쉽다. 2단계 준비 과정에서 필자 개인적으로 '한국어 산업화를 위한 정책 구상 메모'를 작성하여 전달한 적도 있었다(2006.8.). 이제 언어학 · 공학 · 의학 · 심리학 등 여러 학문의 다양한 전문가가 참여하는 한국어 데이터 구축을 위한 장기 계획이 수립 · 시행되어야 한다. 또 다시 멈칫해서는 안 된다. 요즘 반도체 기술 기초 소재 분야에서 일본에 당하고 있는 상황을 보라. 일본이 수출 금지한 소재의 대체품을 우리가 제조해 내도 제조 방법 관련 특허권 장벽이 또 기다리고 있다. 특허는 연구를 통해서 나온다. 언어 데이터에 대한 학문적 연구를 통해 특허권을 확보할 수 있다. "자연어 이해야말로 인공지능 기술의 핵심"(레이 커즈와일)이란 말을 명심해야 한다. 한국어는 우리가 가진 자연어이고, 한글은 이를 이미지화한 시각 매체이다. 머뭇머뭇하다가 인공지능 분야에서 또 어느 나라 기술에 종속될지 모른다. 특히 한글과 한국어 데이터 사업이 외국 기업에 넘어가는 일은 없어야 한다.

다른 한편으로 우리는 한글이 한민족만의 것이라는 생각에 갇혀서도 안 된다. 소멸 언어를 기록하고 보존하기 위해 훈민정음학회에서 찌아찌아족에게 한글을 나누려 했던 시도를 농업기술 이전과 병행하는 방법도 생각해 볼 수 있다. 수혜국의 공용 문자를 건드리지 않고 그 나라 안 소수 종족의 말을 한글로 적는 방법을 가르치는 것이다. '세계 속의 한국'을 내세우듯이 '세계인을 위한 한글'로 나아갈 수 있는 길을 닦아야 한다. 이러한 길을 닦는 일이야말로 인공지능 시대를 맞아 한글의 가치를 빛내고, 다양한 세계문화 발전에 기여하는 것이다.

한글에 내재된 보편적 가치와 융합성에 대한 자세한 내용은 필자가 쓴 다음 두 글을 인터넷에서 내려받아 볼 수 있다.

- 백두현(2012), 「융합성의 관점에서 본 훈민정음의 창제 원리」, 『어문론총』 57호, 한국문학언어학회, 115~156.
- 백두현(2016), 「훈민정음에 내재된 보편적 가치와 역사적 의미」, 『어문론총』 67호, 한국문학언어학회, 9~38.

본문에서 인용한 안재원과 남길임의 글의 출처는 다음과 같다.

- 안재원(서울대학교 HK 연구교수)의 글은 "서양의 고전 활용 현황-디지털 문헌학을 중심으로"(2018. 11. 16, 경북대 특강 자료)
- 『2018년 국어 말뭉치 연구 및 구축』, 국립국어원, 2018. 1. 11, 연구책임자 김한샘. 공동연구자 남길임 외

한글에 내재된 보편적 가치와 사회적 활용

한글의 우수성은 이미 세계의 저명 언어학자들이 인정한 것이다. 이제는 한글의 우수성에 대한 이야기는 접어 두고, 본질적 차원에서 한글에 내재된 보편적 가치에 주목할 필요가 있다. 보편적 가치란 시대와 공간을 초월해 인류 문화사의 측면에서 중요한 의미를 갖고, 인류 모두에게 유익함을 줄 수 있는 가치를 뜻한다. 한글은 과연 어떤 보편적 가치를 지니고 있는가.

한글에 내재된 보편적 가치는 세 가지다. 첫째는 민주성, 둘째는 과학성, 셋째는 철학성이다. 한글의 민주성은 세종대왕이 밝힌 훈민정음의 창제 목적에 나타나 있다. 세종은 문자 사용에서 소외돼 온 일반 백성들이 제 뜻을 널리 펴게 하기 위해 한글을 만들었다. 이 사실은 한글이 태생적으로 민주성을 내포한 문자임을 의미한다.

한글의 민주성은 창제 후 수백 년 동안의 쓰임에서 자연스럽게 검증됐다. 특히 한글 편지는 왕에서 하층민에 이르기까지 전 계층이 고루 이용한 소통 매체였다. 이 점은 한문 편지가 양반 지식인 간의 소통 매체로 국한된 점과 크게 대조된다. 신분 계층을 뛰어넘은 한글 사용은 한글이 가진 민주성이란 가치를 증명해 보였다. 한글에 내포된 민주성은 민주주의의 실현이라는 지구적 과업과 맥락을 같이 한다는 점에서 그 의의가 크다.

한글이 지닌 두 번째의 보편적 가치는 과학성이다. 잘 알려져 있듯이 한글은 발음기관의 작용 모습과 발음기관을 본뜬 음성 과학적 특성을 지니고 있다. 말소리는 발음기관에서 생성되므로 음성학적 관찰에 의거해 문자를 만든 것은 매우 과학적이다. 발음기관의 작용을 본떠 만든 문자는 한글이 유일하다. 이런 점에서 한글은 과학성이라는 보편적인 가치를 가진다. 현대 지구인의 삶은 과학적 탐구와 그 성과에 크게 의존하고 있다. 과학성은 현대의 보편적 가치가 되었다. 훈민정음의 과학성은 현대사회의 과학적 가치관과 잘 맞는다.

한글이 지닌 세 번째 보편적 가치는 철학성이다. 철학성은 한글에 내포된 음양론, 오행론, 삼재론을 근거로 한다. 음양론은 디지털 기술의 기본 원리인 이진법과 본질적으로 같은 원리다. 오행론은 우주 만물의 구성 원리를 다섯 가지 구성 요소로 환원해 이들의 상호 작용으로 천지간의 모든 현상을 설명한다. 이런 관점은 물질을 구성하는 최소 단위를 설정하고, 이것으로써 모든 물질 현상을 해명하려는 현대 과학의 방법론과 상통한다.

삼재론은 천지인(하늘, 땅, 사람)의 세 가지 요소가 상호 작용해 조화를 이루는 원리다. 세종은 한글의 모음 기본자 세 개를 만들 때 하늘, 땅, 사람의 형상을 본떴다. 또 삼재론은 초성(하늘), 중성(사람), 종성(땅)을

합하여 하나의 소리마디를 만들어 내는 원리로 작용했다. 한글의 글자꼴에 삼재의 각 요소가 내포돼 있고, 글자가 결합해 소리마디를 생성하는 원리 속에 삼재가 조화롭게 어울리는 원리가 내재되어 있다.

삼재론이 현대의 산업 사회에서 갖는 의미 또한 적지 않다. 삼재론은 인본주의이면서 동시에 인간과 자연의 공존과 조화를 전제로 한다. 환경 문제로 위기에 처한 지구에서 이 삼재론은 자연과 인간의 관계를 설정하는 데 중요한 가치관으로 작용할 수 있다.

한글에 내재된 민주성, 과학성, 철학성은 한국인의 사유에 작용하면서 우리의 가치관을 형성해 왔다. 21세기에 이르러 한국인의 창의적 능력이 산업 분야는 물론 음악, 영화, 문학 등 예술 분야에서도 세계인의 관심을 끌고 있다. 현대 한국인이 발휘하고 있는 창의적 능력이 한글에 내재된 보편적 가치와 무관할 수 없다. 한글에서 성취된 보편적 가치는 한국인에게 유전인자처럼 각인돼 한국인의 긍지와 창의성을 북돋우는 원천이 되어 왔다.

세계가 당면한 문제의 해결을 위해 한글이 가진 보편적 가치를 활용할 수 있다. 한국이 성공하는 길은 지구 인류가 당면한 환경 문제, 인종차별 문제 등에 대한 공감 능력과 문제 해결을 위한 창의성을 가진 인재 양성에 있다. 이제 우리는 한글에 내재된 민주성·과학성·철학성이라는 보편적 가치에 주목하고, 이것을 지구적 과제의 해결에 활용하는 방안을 찾아야 한다. 인류의 행복 증진에 한글의 보편적 가치가 긍정적으로 작용할 수 있는 길을 열어 가야 한다.

● 교수신문, 2012. 10. 29.

한글 창제는 세종이 실천한 융합의 본보기

요즘 '융합'이 대세이다. 최근 대학의 전공 학과 개편에서 가장 많이 나오는 낱말이 '융합'이다. 경북대학교는 13개의 융합 전공을 이미 개설하여 운영 중이고 금년 3월에는 이 전공들의 운영을 통합 지원하는 '융합교육지원센터'가 설립되었다. 카이스트는 2020년 3월부터 학문의 경계를 허문 융합기초학부를 설치할 계획을 발표했고, 전국 여러 대학에서 융합 관련 전공이 속속 생겨나고 있다.

융합은 서로 이질적인 것을 교합하여 새로운 그 무엇을 만드는 것이다. 예컨대 구리 78%와 주석 22%를 '녹여서 합치면'[融合] 놋쇠가 된다. 자동차, 휴대전화, 텔레비전 등이 모두 융합의 산물이다. 인간이 창조한 특정 결과물에는 인류가 쌓아 온 기술, 지식, 경험, 예술 등이 융합된 경우가 대부분이다. 이집트의 피라미드, 인도의 타지마할, 조선의 경복궁과 같은 건축물은 당대의 이용 가능한 지식과 기술 그리고 예술이 총체적으로 융합된 산물이다. 대학에서 이루어지는 융합 전공은 이공계 중심으로 진행되고 있으나 인문학을 빼놓을 수는 없다.

세종의 훈민정음(이하 '한글') 창제는 인문학과 과학의 융합을 가장 성공적으로 실천한 사례이다. 한글에는 성리학에 기반한 삼재론, 음양론 등의 역학 이론이 융합되어 있다. 중국에서 도입한 성운학(당시의 음성과학)과 문자학, 고대 삼국시대 이래 전승되어 온 우리말 표기의 경험(이두와 향찰)이 한글을 만든 원리로 작용했다. 외래 학문과 전래되어 온 우리말 표기의 경험 등 다양한 요소들을 융합하여 전혀 새로운 문자, 한글을 만든 것이다. 한글 창제자인 세종은 성리학적 세계관을 함의한 철학적 원리, 중국에서 유입된 성운학과 문자학의 방법론, 한자를 이용한 우리말 표기 경험을 토대로 하고, 15세기의 우리말을 분석한 연구 결과를 절묘하게 융합하여 한글을 창조해 냈다. 한글은 외래 학문의 여러 이론과 전통적 차자법의 개념 등을 독창적으로 변용하고 녹여내어 만든 융합체인 것이다. 한글은 15세기에 아시아의 문화와 학문이 우리나라에서 결정結晶된 정화精華라고 한 이기문 선생의 표현은 정곡을 짚은 요약이다.

지금까지 한글의 기원에 대한 갖가지 설이 나온 까닭은 한글에 융합된 성분의 다양함에 기인한다. 다양한 융합 성분 중 어느 일면을 강조한 결과, 갖가지 기원설이 분분하게 나왔던 것이다. 융합성의 관점으로 보면, 기존의 한글 기원설들은 한글에 융합된 하나의 성분요소에 초점을 둔 것이 된다. 특정 성분요소 하나를 강조하여 한글의 기원을 말하는 것은 더 이상 유효하지 않다.

한글은 한자를 닮은 점도 있다. 글자 모양이 사각형이라는 점, '봄'처럼 '초성ㅂ+중성ㅗ+종성ㅁ'을 서로 합쳐서 한 음절자를 만든 원리는 한자 구성에서 편偏과 방旁 그리고 부수를 합쳐서 낱자(江, 草, 道)를 만든 방법과 비슷하다. 한자가 사물의 형상을 상형했듯이(山, 川), 한글은 발음기관의 모양과 움직임을 상형하여 ㄱ, ㄴ, ㅇ 등의 글자꼴을 만들었다. 같은 '상형'이지만 한글의 상형은 방법과 내용에서 한자의 상형과 전혀 다르다.

세종은 혀의 움츠림(설축)과 입술의 둥글어짐(구축)을 자세히 관찰하고 소리의 음가를 분석하여 모음의 대립 관계를 세웠다. 이것은 세종의 독창적 방법론이다. 고대 인도의 파니니 언어학이 불교와 함께 중국에 전수되어 중국 성운학과 반절법을 발전시켰다. 중국 성운학이 한반도에 유입되어 한글의 자음 글자를 만드는 이론적 틀로 작용했다. 중국 성리학에 흡수된 주역 이론이 한글의 제자 원리로 융합되어 있다. 모음의 기본자(ㆍㅡㅣ) 세 개의 형상은 각각 天地人의 모양을 본뜬 것이고, '초성+중성+종성'을 합쳐 쓰도록 정한 것도 사람이 하늘과 땅을 이어준다는 삼재론에 바탕을 두었다. ㆍㅡㅣ를 서로 결합하여 ㅏㅗㅓㅜ를 만들 때는 음양 원리를 적용했다. 파스파 문자와 훈민정음의 관련성을 인정한다면, 훈민정음이 파스파 문자의 자형을 본뜬 것이 아니라 음소문자 기능과 삼분법 원리를 참고했을 가능성이 높다. 세종은 당시까지 알려진 여러 학문을 두루 섭렵하였고, 문자 창제에 필요한 성리학·문자학·성운학·독창적 방법론을 융합하여 한글을 창제하였다. 이것이 바로 융합을 실천한 본보기가 아니고 무엇이랴!

● 영남일보 「우리말과 한국문학」, 2019. 9. 19.

한글이라는 그릇에 무엇을 담을 것인가?

올해도 어김없이 한글날이 돌아왔다. 지금까지 우리는 한글이 매우 뛰어난 과학적 문자라는 말을 많이 들어 왔다. 한글날만 되면 우리 문자의 탁월성을 다시 강조하거나, 오늘날의 우리말이 무분별한 외국어 남용으로 혼란스러워졌다는 이야기를 듣곤 한다. 이제 우리는 우리의 말과 글인 한국어와 한글에 대해 좀 더 성숙한 생각을 가져야 할 때가 되었다.

한글의 제자 과정에서 이룩한 과학적 성취는 매우 값진 것이고 우리가 자랑할 만한 것이다. 그러나 이것을 약간 다른 관점에서 생각해 볼 수도 있다. 세계 문명의 발상지에서 창안된 수메르 문자와 이집트 문자는 그 역사가 기원전 3천 년 전으로 소급된다. 한자의 뿌리인 갑골문자의 역사 역시 기원전 1200년경으로 올라간다. 한글은 기원후 1443년에 창제되었으니 아직 600년이 되지 않았다. 한글이 만들어진 15세기에는 말소리를 분석할 수 있는 성운학聲韻學이 중국으로부터 조선에 유입되었다. 중국의 성운학은 고대 인도의 언어학인 파니니 문법에 그 뿌리를 둔 것이다. 세종은 성운학의 음성 분석 방법과 주역 이론을 창의적으로 변용하여 당시의 조선 어음을 분석하고 이것을 시각화하여 훈민정음이란 새 문자를 만들었다. 음성 분석의 방법론이 갖추어진 시대에 훈민정음이 창제되었으니 고대에 만들어진 문자보다 더 과학적일 수 있었다.

한글의 과학성은 분명 뛰어난 성취이지만 우리는 여기에 매달려 있을 수만 없다. 문자는 언어를 기록하는 것이고, 언어는 인간의 지식과 지혜와 예술과 과학을 담는 그릇이다. 우리의 한글이 가진 우수성과 과학성은 부정할 수 없는 사실이다. 세계의 언어학자들이 이미 이 점을 인정하고 있다.

세종대왕은 훌륭한 그릇을 후손에게 물려 주셨다. 이 그릇을 채워야 할 사람은 우리들이다. 우리가 만들어 낸 지식과 지혜와 과학과 문화를 만들어 한글이라는 이 그릇에 채워야 한다. 여기에 채울 내용이 무엇이냐? 한글을 통해 어떤 지식과 정보와 작품을 창출해 내느냐? 이것이 오늘날을 살아가는 우리에게 부과된 과제이다. 우리가 가진 그릇이 정말 과학적으로 만들어진 우수한 것이라고 아무리 자랑해 본들 그 안에 담을 내용물이 없거나 질이 떨어진다면 누가 그 자랑을 받아들여 주겠는가?

그릇은 왜 존재하는가? 음식을 만들어 담기 위해서다. 음식은 왜 만드는가? 남과 같이 나누어 먹기 위해서다. 한글이라는 그릇에 훌륭한 음식을 만들어 담고, 이것을 세계인과 같이 나누어야 이 그릇의 진정한 의미가 살아날 수 있다. 우리의 할 일은 분명하다. 시인과 작가는 아름

답고 감동적인 작품을 한글로 표현하고, 학자는 한글로 책을 쓰고, 언론인은 세계의 소식을 한글로 전해야 한다. 외국의 훌륭한 작품과 책을 한글로 번역해 내야 한다.

민족주의의 틀에 갇혀 우리 것의 우수성을 부르짖고만 있으면 더 이상 나아갈 수 없고, 한글의 보편적 가치를 펼칠 수도 없다. 이 그릇을 남과 나누어 써야 하고, 그러기 위해서는 좋은 내용물을 갖추어야 한다. 한글이 세계 문화의 보편적 가치를 담아내는 그릇이 되도록 노력해야 한다. 인도네시아의 작은 섬에 있는 찌아찌아어의 문화를 한글에 담아 보려는 시도는 이런 점에서 중요한 의미를 가진다.

● 경북대 신문 「복현아카데미」, 2009. 10. 7.

한글 창제 목적에 대한 오해와 진실

한글을 창제한 목적은, '훈민정음'의 어제 서문에서 세종이 밝힌 그대로 "한문을 모르는 백성들愚民의 편안한 의사 표현을 위함"이다. 그러나 일부 학자는 한자음을 표기하고자 훈민정음(이하 한글로 칭함)을 창제했다고 주장하기도 한다. 최근에 경제사학자 이영훈 전 서울대 교수는 한자음 표기를 위해 한글을 만들었다는 설을 지지하고, 한글은 양반을 위한 문자이지 백성을 위한 문자가 아니라고 했다. 조선왕조가 사라질 때까지 한글은 백성의 문자가 되지 못하고, 주로 양반층에서 거의 독점적으로 쓰인 것은 사실이다. 그러나 이런 결과는 세종이 의도한 바가 아니라, 양반 지배층의 정치적 이해관계에서 비롯된 것이다. 나는 이 글에서 이 점을 밝혀 말하고자 한다.

세종 사후에 조선의 양반 지배층은 백성들에게 한글을 가르치기 위한 제도를 만들지 않았고, 한글을 쉽게 배울 수 있는 학습 자료도 만들지 않았다. 조선의 양반 지배층이 세종의 뜻을 저버리고 한글을 하층민에게 가르치지 않았다는 증거는 한두 가지가 아니다. 갑오개혁(1894)이 지난 1897년에, 우리나라 최초의 국어 문법서 『국문정리』를 지은 리봉운의 말을 들어보자.

"조선 사람은 남의 나라 글만 숭상하고 본국 글은 전혀 이치를 알지 못하니 절통하구나. 세종 임금께서 언문을 만드셨건마는 그 후로 국문을 가르치는 학교와 선생이 없어서 글의 이치와 쓰는 규범을 가르치고 배우지 못하였다."

19세기 말기의 지식인이었던 리봉운은 세종이 한글을 만들었지만 쓰는 법을 가르치는 학교와 선생이 전혀 없었음을 한탄하였다.

양반층은 최세진이 「언문자모」에서 한문으로 설명한 한글 음절 생성 원리를 활용하여 한글을 배우는 데 가장 효용성이 높은 음절표를 만들어 썼다. 1719년에 조선통신사 서기로 일본에 간 강백과 장응두는 일본인에게 한글 음절표를 써 주었다. 양반 지식인들은 일본인에게는 한글 음절표를 가르쳐 주었지만 조선의 하층민들에게 이를 널리 알린 적이 단 한 번도 없었다.

한글 음절표의 최초 간행은 양반층이 아니라 사찰 승려들의 손으로 이루어졌다. 1869년에 해인사 도솔암에서 간행된 『일용작법』이란 염불집에 「언본」이란 이름의 한글 음절표가 처음 수록되었다. 그 후 1877년(기축신간반절)과 1889년에 낱장의 목판에 새긴 한글 음절표가 간행되어 장터에서 팔린 것이 전해진다. 낱장짜리 한글 음절표는 판매를 목적으로 한 상업 출판으로, 민간의 자생적 산물이었다. 만약 이런 형식의 한글 음절표가 15세기나 16세기에 나와서 하층민에게 보급되었더라면 한글 습득자가 빠르게 늘었을 것이다. 조선 정부가 한글 음절표를 처음으로 공간公刊한 것은 갑오개혁 이후이다. 소학교령이 공포되고 1896년에 학부에서 간행한 『신정심상소학』에, 허술한 모습이긴 하지만 한글 음절표가 처음 수록되었다. 세종의 뜻을 정부가 나서서 실천하기 시작한 것은 한글이 반포된 지 450년이 지난 후였다는 말이다.

조선의 양반층이 평민 이하 하층민에게 한글을 가르치지 않은 이유는 이들이 글을 배워서 자신들을 비판하는 것이 두려웠기 때문이다. 연산군 대의 언문 익명서 사건뿐 아니라 조선왕조실록에는 익명서 사건이 문제가 되어 임금과 조정 대신들이 모여 논의한 기록이 여러 번 등장한다. 한글 문서를 금지하는 법을 정했고(1675), 한글 문서를 관에 제출하는 것 자체를 불법으로 간주한 기록들이 실록에 나타나 있다. 하층민이 한글 문서로 자신들의 뜻을 표현하는 것 자체가 싫었던 것이다.

한글이 조선왕조 내내 양반들의 문자로 주로 사용되었기 때문에 세종이 양반만을 위한 성군일 뿐 일반 백성을 위한 성군이 아니었다는 주장은 오해에서 비롯된 진실의 왜곡이다. 조선을 '양반의 나라'로 만든 것은 세종이 아니라 권력을 쥐었던 양반 집단이다. 한글이 백성 모두의 문자가 되지 못한 것은 세종의 본뜻을 저버린 양반 때문이다.

백성을 위해 한글을 만든 것이 아니라, 한자음 표기를 위해 만들었다는 주장은 훈민정음 해례본에 실린 세종 어제 서문의 뜻과, 사관들이 쓴 <세종실록>을 부정하는 것이며, 세종이 지은 글과 사관의 기록을 모두 거짓말로 간주하는 것이다.

● 경향신문, 2019. 2. 28.

훈민정음은 창제 이후 어떻게 보급되었을까

세종대왕은 1446년에 세계 문자의 역사상 그 유례가 없는 독창적인 문자를 고안하여 백성들에게 보급하였습니다. 우리는 조선왕조실록에 수록된 관련 기사와 각종 한글 문헌 자료를 통해 당시 사람들이 어떻게 이 문자를 배웠고, 어떤 목적으로 사용했으며, 어떻게 이 문자가 널리 보급되었는지 알아낼 수 있습니다.

세종은 훈민정음을 반포하기 이전에 한글 학습의 실험적 시도로 관문서를 다루는 하급 관리들 10여 명에게 이 문자를 배우도록 하였고, 반포한 이후에는 하급 관리 선발 시험 과목에 훈민정음을 넣기도 했습니다.

또한 세종은 한글을 가벼이 여기는 조정의 대신들이 한글을 배우지 않을 수 없도록 하였는데 신하들의 잘잘못을 한글로 적어 의금부와 승정원에 보내기도 했고, 정치적 논쟁에 대한 자신의 의견을 한글로 써 주면서, "이 글을 자세히 본다면 내 뜻을 알 수 있을 것이다."라 하였습니다. 왕이 내린 글을 읽지 못해 그 뜻을 받들지 못하는 신하의 처지가 어찌 될 것인가를 상상해 보면, 세종이 자신의 생각을 한글로 써서 신하들에게 보인 의도는 자명합니다. 그러나 세종은 한글을 만든 지 4년 만에 돌아가셔서 한글 교육 제도를 정착시키지 못했습니다. 아버지 세종의 뜻을 잘 아는 세조는 문과 시험 과목과 성균관의 학습 과정에 훈민정음을 넣었습니다. 그러나 그 후에는 한글 교육이 국가의 정책 차원에서 행해지지 못하고 민간에 맡겨졌습니다.

민간에서 한글 교육의 중요한 몫을 했던 것은 한글로 번역된 불경과 최세진의 『훈몽자회』였습니다. 『훈몽자회』 첫머리에는 초성(자음)・중성(모음)・종성(받침)을 결합하여 글자를 만드는 방법이 한 장 정도의 지면에 간결하게 설명되어 있습니다. 오늘날에도 단 몇 시간이면 한글을 배울 수 있는데 『훈몽자회』를 가지고 공부한 옛사람들도 그러했을 것입니다. 양반가에서 아이들의 한글 교육을 담당했던 사람은 할머니와 어머니들이었습니다. 달성군 현풍땅 소례 마을에 살았던 곽주라는 선비가 1612년에 장모에게 쓴 편지에 "자식들 둘이 거기(=외가)에 가 있을 때 부디 언문을 가르쳐 보내시옵소서. 말씀드리기 어려워하다가 겨우 아뢰옵니다."라는 대목이 있습니다. 이는 외할머니가 외손자들에게 한글을 가르쳤음을 증언해 줍니다.

한글은 흔히 여성들이 주로 사용한 것으로 잘못 알고 있으나 사대부 남성들도 이 문자를 많이 썼습니다. 현재까지 전해지는 조선시대의 한글 편지를 보면 상당수가 남성이 쓴 것들입니다. 양녕대군이 문종에게 한글로 편지를 썼으며, 선조, 인조, 효종, 대원군이 쓴 한글 편지가 여럿 전하고 있습니다. 김성일이 왜란의 와중에 부인에게 보낸 편지와 조선 후기의 명필 김정희와 그의 아버지가 쓴 한글 편지 등이 있습니다. 심지어 노비에게 보낸 한글 문서도 있는데 귀천을 막론하고 일상 문자생활에 한글을 널리 썼던 것입니다.

한글은 국가의 통치용 문서에도 사용됐습니다. 임금이 백성에게 내린 글(윤음=오늘날의 대통령 담화문)이 한글로 작성되어 전국에 반포됐던 바, 성종 3년(1472)에 방방곡곡에 반포된 한글 교서가 그 효시였으며, 왜란으로 숨어 버린 백성들에게 집으로 돌아와 생업에 종사하도록 권유한 선조의 한글 유서諭書(1593)가 전해집니다. 특히 민생에 관심을 많이 기울인 정조대왕은 무려 24건의 윤음을 내렸습니다. 그러나 한글이 국가 문자로 한자를 대신하게 된 것은 개화기에 들어와서 민족자존과 독립 의식이 싹튼 이후입니다. 1894년 11월 21일에 고종이 내린 칙령 제1호의 14조에 "칙령은 국문을 본으로 삼고 한문을 번역해 붙이라."라는 법률로부터 한글은 국가 공무를 기록하는 문자가 되었습니다. 한글 반포 후 4백 47년 만에 이루어진 일입니다.

한글은 개인의 다양한 실생활 문서에도 사용됐습니다. 여성들이 관아에 제출한 진정서, 궁실 내부에서 기록한 각종 생활 문서 등에도 한글이 쓰였으며, 노비나 전답 매매 문서, 각종 수표, 금전출납기, 노비 급료기, 추수 기록, 분재기, 물목, 제문 등 한글로 작성된 옛 문서는 그 종류와 내용이 매우 다양합니다. 각종 한글 필사본에는 출판된 문헌에서 찾아볼 수 없는 내용이 적지 않습니다. 여기에는 음식·의복·관습·교육 등 생생한 생활 정보가 담겨 있으며, 신선한 안목을 가진 청년들의 손길을 기다리고 있습니다.

● 경북대 신문 「복현아카데미」, 2002. 3. 18.

훈민정음 해례본을 지켜낸 대구 경북

대한민국의 각 지역은 나름대로 특유한 언어 문화의 전통을 간직하며 한국 문화의 발전에 기여해 왔다. 경상북도는 신라의 중심지였고, 고려와 조선을 거치며 많은 인재를 배출하고 문헌을 간행하였다. 경상도를 문헌과 인재의 고장이라 했다. 수천 년의 한반도 역사 속에서 대구 경북은 다른 어떤 지역보다 두툼한 문화 자원을 축적해 왔다.

문헌과 기록을 소중히 여겨 온 대구 경북의 문화 전통은 훈민정음 해례본을 지켜냈다. 간송미술관에 소장된 훈민정음 해례본은 1940년에 경북 안동 주하리의 이용준을 통해 세상에 알려졌다. 일제강점기에 간송 전형필이 해례본을 인수함으로써 일본으로 반출되는 것을 막았고, 한글 창제 원리를 만천하에 드러낼 수 있었다. 2008년 경북 상주에서 절반 정도만 남은 해례본이 발견되었으니 이 또한 경북이 보존해 온 것이다. 『훈민정음』은 1962년에 국보 제70호로 지정되었고, 1997년에 유네스코 세계기록유산으로 등재되었다. 훈민정음은 한국인의 창의적 재능을 상징하며, 오늘날 새로운 문화 창조의 원동력이 되고 있다.

원본 『훈민정음』이 1940년에 발견된 후 그 내용을 한 권의 책에 담아 처음 간행한 곳도 대구의 출판사 창란각이다. 1946년 4월에 대구의 창란각에서 원본을 모사模寫하여 언해본과 함께 묶어서 간행했다. 이것은 서울의 조선어학회에서 1946년 10월에 『훈민정음』 영인본을 낸 것보다 더 빠르다. 『훈민정음』의 원본이 안동에서 처음 나왔고, 그것을 한 권의 책에 담아 처음 간행한 곳도 대구이다. 세계적 인류 문화유산을 대구 경북 지역이 지켜냈고, 이를 출판하여 세상에 널리 알린 것도 여기다. 풍기 희방사에서 목판본으로 간행한 『월인석보』(1568)의 책 머리에는 한글로 번역한 훈민정음이 실려 있다.

대구 경북이 일구어 온 한글문화의 전통은 『훈민정음』에 그치는 것이 아니다. 경상도 관찰사(=도지사)로 부임한 김안국은 지금의 김천과 그 인근 지역에서 『이륜행실도』, 『경민편언해』, 『정속언해』, 『농서언해』, 『잠서언해』, 『벽온방언해』, 『창진방언해』 등의 한글 책을 간행하였다(1518). 앞의 네 책은 풍속을 바로잡아 공동체 정신을 가르친 것이고, 뒤의 네 책은 민생을 위한 농업 서적과 의학서이다. 한글본 후생서적을 널리 펼쳐 지역민의 삶을 개선하였다. 한글 문헌이 인민의 삶을 향상시키는 데 기여했으니 관찰사 김안국은 세종의 뜻을 실천한 인물이라 할 수 있다.

대구 경북에서 이루어진 한글 문화유산으로 『음식디미방』, 『온주법』, 『시의전서』를 빠뜨릴 수 없다. 전통 음식조리서의 대표격인 『음식디미방』은 두들 마을 석계종가 정부인 장계향의 친필본으로 경북대 도서관에 간직되어 있고, 여러 학자들이 연구하여 한국의 전통 음식을 새롭게 하는 원천이 되고 있다. 달성군 현풍의 소례 마을에 살았던 곽주와 그의 가족들은 170여 매의 한글 편지를 남겼다. 곽주의 편지에는 아이들의 한글 교육을 당부하는 사연이 처음으로 나타나 세간의 관심을 끌었다. 대구 경북에는 원이엄마편지와 최진립언간 등 다수의 한글 편지가 전해져 오고, 우리의 어머니들이 지은 내방가사 두루마리가 쌓여 있다. 유학자들이 저술한 한문 서적뿐 아니라 우리 지역에서 나온 한글 문헌도 주목받아 마땅하다. 한글과 한국어가 세계로 뻗어 가고 있는 이 시점에 대구 경북의 한글 문화유산을 새롭게 돌아볼 필요가 있다. 우리 지역의 한글 문헌에 대한 긍지와 자부심을 드높이고, 이들을 잘 활용하여 새로운 지역 문화를 창조해 내는 정책적 노력이 필요하다.

● 영남일보 「우리말과 한국문학」, 2021. 1. 28.

훈민정음 책이 안동에서 나온 배경

보통의 한국인들은 세종대왕의 훈민정음 창제 이후 이 글자가 백성들에게 널리 보급되어 쓰인 것으로 생각한다. 세종이 지은 어제 서문에서, 한자를 모르는 백성들이 정음 28자를 쉽게 익혀 나날의 쓰임에 편하도록 하라고 말했으니, 이런 오해를 할 만하다. 그러나 세종의 뜻과 달리 반포 후 오백 년 가까이 한글은 한자를 모르는 보통 백성들에게 보급되지 못하였다. 양반가에서는 가정교육의 하나로 아이들에게 한글을 가르쳤으나 일반 백성에게 가르쳐 주지 않았기 때문이다.

해례본은 1446년 9월에 완성되어 목판본으로 간행되었다. 이 책은 세자를 가르친 서연 강의에서 사용되었다. 또 1460년(세조 6)에는 문과 초장 시험에 훈민정음 과목을 넣었다. 4년 뒤인 1464년에는 성균관 생도의 강경講經 시험 과목에 훈민정음을 넣었다. 훈민정음 해례본 앞머리의 「예의」例義에는 정음 28자의 글자꼴과 발음이 설명되어 있다. 성균관 유생과 문과 시험 응시자들은 훈민정음 해례본을 구득求得하여 28자를 익히고 그 문장을 통해 문자에 담긴 이치를 깨우쳤을 것이다.

이때 구득한 책은 바로 세종 28년(1446)에 간행한 목판본 훈민정음이었음이 확실하다. 이 책을 제외하면 훈민정음 학습 교재로 쓸 책이 없었기 때문이다.

지금까지 발견된 훈민정음 해례본은 단 두 권뿐이다. 1940년에 전형필이 구득한 간송본과 2008년에 발견된 상주본이 그 두 권이다. 이 두 책은 동일한 목판에서 찍어낸 것이 확실하다. 훈민정음 해례본은 1446년에 초판본이 간행된 후 두 번 다시 간행되지 않았다. 간송본과 상주본은 둘 다 안동 일대에서 나온 것이다. 안동 출신 유생이 서울의 성균관에 입학하여 문과 시험에 응시하고자 훈민정음 해례본을 구득하여 공부했고, 훗날 귀향할 때 이 책을 갖고 내려와 집안에 보존해 온 것이다. 책을 소중히 여기는 선비 정신도 해례본을 수백 년 동안 간직한 힘이 되었을 것이다.

훈민정음을 가르치거나 시험 과목에 넣은 기사는 세종실록과 세조실록에만 나타나 있다. 세조는 수양대군 시절에 부왕의 한글 출판 사업을 도왔다. 부왕의 뜻을 잘 알고 있었던 세조는 훈민정음을 문과 시험 과목에 넣었으나 그 뒤의 왕들은 세종의 뜻을 이어받지 않았다. 문과 시험에 훈민정음을 부과한 제도가 오래 계속되었다면 해례본의 출판이 이어졌을 것이다. 현재 전하는 훈민정음 해례본이 단 두 권밖에 안 되는 것은 훈민정음 시험 제도가 오래 계속되지 못했음을 뜻한다.

조선시대에서 한글을 널리 보급하고 지켜 낸 공로의 상당 부분은 불교 사찰이 차지한다. 가야산 봉서사는 지방판 최초의 한글 불교서 『목우자수심결』을 간행했다. 합천 해인사와 예천 용문사, 대구 동화사에서는 한글 포교서 『염불보권문』을 그 당시의 사투리까지 넣어서 출판했다. 안동의 광흥사는 『월인석보』 등 귀중한 한글본을 간행했고, 풍기 희방사는 훈민정음 언해본이 붙은 『월인석보』를 목판본으로 찍었다. 해인사 도솔암판 『일용작법』에는 한글 음절표(반절표)가 처음으로 실려 한글을 쉽게 배울 수 있도록 했다. 불교 사찰에서 나온 많은 한글본 불교서는 조선 후기 수백 년 동안 민중 속에서 한글의 명맥이 이어지는 교량 역할을 했다.

그런데 문화재 절도범의 말을 듣고서 상주본 훈민정음을 불복장품佛服藏品으로 보려는 분도 있다. 월인석보는 부처님의 일생담과 가르침을 담은 책이어서 불복장에 넣을 수 있는 것이나 훈민정음은 그렇지 않다. 상주본에는 앞뒤 표지가 남아 있다. 불복장에 넣는 책은 표지를 없애고 본문만 넣는다. 내용과 형식에 있어서 상주본 훈민정음은 불복장품의 요건을 전혀 갖추지 못한 책이다.

● 영남일보 「우리말과 한국문학」, 2021. 4. 22.

세종대왕과 경상도

요즘 사극 '대왕 세종'이 인기다. 나도 이 사극은 꼭 본다. 훈민정음과 세종대왕을 여러 모로 공부해 왔기 때문이다. 그런데 '세종대왕과 경상도'라는 제목은 좀 엉뚱한가? 두 낱말의 연결이 좀 어색한가? 아니다. 세종이 다스린 조선에 경상도가 들어가 있었으니 어찌 서로 인연이 없었겠는가! 세종실록에 등장하는 경상도 관련 기사는 모두 제외하고, 우리 고장과 얽혀 있는 세종대왕 이야기를 한 번 들여다보자.

세종대왕과 경상도의 인연이라는 점에서 가장 중요한 것은 원본 『훈민정음』(해례본)이 이 고장에서 나왔다는 사실이다. 원본 『훈민정음』은 경상북도 안동군 와룡면 주하리에 살던 이한걸李漢杰의 아들 이용준이 스승 김태준에게 보여 주었고, 김태준은 간송 전형필에게 이 책을 넘겼다. 이 책이 널리 알려진 때는 1940년 7월이었다. 지금은 국보로 지정되어 간송미술관에 보관되어 있다. 훈민정음 반포(1446) 직후에 간행된 이 책은 오로지 한 권밖에 전하지 않는 유일본이다. 이 책은 말 그대로 세계적 보물이다. 이 귀중한 책이 오직 경상도에서만 나타났음은 영남이 예로부터 학문의 고장이었음을 잘 보여준다.

원본 『훈민정음』이 1940년에 발견된 후 그 내용을 단행본으로 처음 간행한 곳도 대구의 창란각이라는 출판사이다. 조선어학회에서 1946년 10월에 양지洋紙에 『훈민정음』의 영인본을 간행했다. 이보다 먼저 대구의 창란각에서는 1946년 4월에 원본을 모사模寫한 훈민정음 단행본을 한지韓紙에 인쇄하여 간행했다. 이 사실은 아직 학계에 알려져 있지 않다. 『훈민정음』은 원본이 안동에서 처음 나왔고 그것을 단행본에 담아 간행한 것이 대구에서 가장 먼저 이루어졌으니 이 또한 세종대왕과 우리 고장이 맺은 큰 인연이 아닐 수 없다.

세종대왕과 인연이 있는 중요한 문화유산의 하나는 성주군 월항면에 있는 세종대왕 왕자 태실이다. 세종은 슬하에 18남 4녀를 두었다. 첫째 아들이 문종이고, 둘째가 세조이다. 세종대왕 왕자 태실에는 모두 19기의 태실석이 안치되어 있다. 왕자가 18명인데 태실은 왜 19기인가? 세종의 손자인 단종의 태실이 함께 모셔져 있기 때문이다. 태실석은 두 줄로 배열되어 있는데 앞 열에 11기, 뒤 열에 8기가 있다. 뒤 열 왼편 구석에 약간의 거리를 두고 단종의 태실석이 서 있다. 성주 월항면의 이 태실은 조선시대 태실로는 가장 큰 규모이다. 한꺼번에 이렇게 많은 태실을 모신 것은 이곳이 매우 뛰어난 명당이기 때문이다. 선석산에서 흘러내려온 산줄기가 여러 갈래로 나뉘면서 그 아래에 불룩하게 솟아오른 언덕 위에 태실이 있다. 그 자리에 서서 둘러보면 여근女根과 그 돌출부 형상이 여실하게 느껴진다. 왕실의 다산과 번성을 기원하는 의미에서 이 자리가 선택된 것이다. 성주군에서는 참외 축제를 할 때 왕자 태실

봉안식 행사를 벌여 태실의 존재와 의미를 새롭게 하고 있다.

세종대왕과 관련된 흥미로운 설화가 의성군에 전해 온다. 의성군 점곡면 명고리 마을에서 조금 떨어진 길가에 높이가 10미터나 되는 검푸른 빛의 암석벽이 깎아 세운 듯이 서 있다. 이 바위에는 한자로 '연경묘 향탄암 계하성산옥곡암봉표'涎慶墓香炭岩 棨下城山玉谷巖封標라는 글이 새겨져 있다. 이 바위는 세종의 사랑을 받았던 한 처녀의 이야기를 간직하고 있다. 세종 때 이 바위가 있는 옥곡 마을에 취란이라는 재색 겸비의 아리따운 처녀가 있었다. 취란 처녀의 이름이 멀리 서울에 들리어 드디어 궁녀로 발탁되었고, 그 어여쁜 용모가 세종대왕의 눈에 띄어 대왕의 사랑을 받게 되었다. 1여 년 후 드디어 취란은 왕자 연경延慶을 낳았으나 취란은 궁중 비빈의 시샘과 시기를 받았다. 이후 모함을 받아 왕자를 데리고 고향 옥곡으로 낙향하는 신세가 되었다. 왕의 부름을 고대하였으나 소식은 아득하였다. 그러다가 왕자 연경이 급병으로 요절하였다. 왕자의 사망 소식을 들은 세종은 신하 이정재李政在를 보내어 장례를 지내고, 왕자 연경의 묘 지키는 일을 옥곡 마을에 맡겼다. 이 사실을 적어 향탄암香炭巖에 새긴 것이 바로 연경묘 봉표封標이다.

설화로 전하는 이 이야기의 사실성 여부는 말하기 어렵다. 이정재라는 신하 이름도 실록에서 찾을 수 없다. 그러나 이 설화는 세종대왕의 사랑과 덕망을 그리워하는 백성들의 마음이 의성의 외진 시골 마을에까지 이르렀음을 의미하는 것이리라.

● 경북대 신문 「영남문화산책」, 2008. 3. 11.

제2부

한국어의 미래를 생각하다

한국어는 나의 운명

사람에게 가장 소중한 가치는 '자유'라고 한다. 자유自由란 스스로의 뜻에 따라 비롯된 것이다. 그런데 사람이 절대로 스스로의 뜻에 따라 결정할 수 없는 것이 있다. 내가 부모를 선택할 수 없고, 태어날 나라를 선택할 수 없고, 태어날 때를 선택할 수 없다. 스스로 부모와 나라를 선택할 수 없기 때문에 당연히 자신의 모어(어머니말)를 선택할 수도 없다. 모어는 태어날 때 운명적으로 주어지는 것이지 선택할 수 있는 것이 아니다. 그리하여 한국에서 태어나, 한국어를 배워, 한국에서 살고 있는 우리들에게 한국어는 숙명이자 운명이다.

우리가 숙명적으로 받아들여 배운 모어에는 우리의 삶과 생각 그리고 문화가 담긴다. 언어는 인간 문화를 담는 그릇이며, 한국어는 한국 문화를 담는 그릇이다. 독일의 철학자 훔볼트(Humbolt)는 언어의 차이가 곧 사고방식의 차이를 만들고, 나아가 세계관이 서로 달라지는 결과를 만든다고 하였다. 지구상에 존재하는 여러 국가나 종족들은 각기 서로 다른 언어를 가지고 서로 다른 문화를 일구어 왔다. 다양한 언어들을 바탕으로 한 문화적 다양성이 인류 문명을 풍부하게 꽃피웠다.

소리를 나타내는 의성어, 색채를 표현하는 색채어, 맛을 표현하는 미각어 등과 같은 감각 표현에 언어의 차이가 적지 않다. 한국인은 '따르릉'이란 말로 전화 소리를 표현했었다. 요즘은 똑똑이전화(휴대전화)가 널리 쓰이면서 어린 세대에게 '따르릉'이 전혀 실감 나지 않게 되어 버렸다. 유리잔이 부딪치는 소리를 한국어에서는 '쨍그랑'이라 표현한다. 영어에서는 이 소리를 clinking(클링킹)이라 하고, 중국어는 当啷啷(땅랑랑), 일본어는 がちゃん(가짠)으로 표현한다. 각각의 자국어를 쓰는 사람은 다른 언어의 낱말을 듣고서 유리잔이 부딪치는 소리를 연상하기 어렵다. 한국인은 '쨍그랑'이란 낱말이 유리잔 부딪치는 소리의 느낌을 가장 실감 나게 표현할 수 있다고 믿는다. 이 소리가 주는 느낌에 길들여 있기 때문이다.

태어난 후 두 살이 못 되어 청각과 시각 능력을 상실한 헬렌 켈러가 water(물)이란 단어를 배울 때의 일화가 있다. 가정교사 앤 설리번이 차가운 물을 헬렌 켈러의 손에 흘려주면서 water라는 글자를 손바닥에 써 주면서 이 낱말을 가르쳤다. 헬렌 켈러에게 손에 닿은 물의 느낌과 [water]라는 글자가 손바닥에 써지는 느낌이 실감 나게 결합하면서 water라는 글자와 낱말의 의미를 깨달았다고 한다. 모어란 이렇게 몸으로 느끼고, 귀로 들으면서 가슴에 젖어 들고, 뇌세포에 새겨지는 것이다. 그리하여 대대로 유전되는 문화유전자(Meme)가 된다. 한국어를 모어로 익힌 사람에게는 '물'이란 소리를 들어야 물이 주는 부드러우면서도 윤택하고 미끄러운 느낌을 실감할 수 있다. '방울'이란 낱말의 소리를 들으면서 매끈하고 동글하게 느껴지는 방울의 실체를 느낀다. 말을 통해서 사물을 느끼고 세상을 이해한다는 말은 이래서 맞는 말이다.

말에 대한 감각적 차이와 문화 다양성의 산출은 한국어 안에서도 적용될 수 있다. 같은 한국어를 쓴다 해도 태어나 자란 지역에 따라 사투리 차이가 있다. 한국어 안에는 지역 방언이 오랜 역사 동안 발달해 왔고, 연령과 성별, 교육의 정도에 따른 사회 방언도 존재한다. 지역 방언과 사회 방언의 다양성이 한국어의 다양성을 만들어 냈다. 오늘날 교육과 방송 매체의 영향으로 표준말이 귀에 익숙해졌지만, 일상생활에서는 대부분의 사람들이 사투리를 여전히 쓴다. 사투리로 소설과 시 같은 문학작품이 쓰이고, 이런 작품을 읽으며 우리는 색다른 정서의 깊이와 말의 질감을 느낀다. 전라도이든 경상도이든 서울이든 한국인은 태어나 자란 곳 특유의 사투리를 입말에서 사용하고, 글말에서 접하며 살아가고 있다.

한국어와 사투리, 한국어로 표현된 문학작품에는 한국인의 생각과 정서, 사투리를 쓰는 토박이들의 숨결이 서려 있다. 우리는 한국어와 한국 문학 속에 녹아든 생각과 사상과 감정을 드러내고 밝혀, 오늘날의 우리의 삶을 더 의미 있게 만드는 데 한 삽 흙을 보태고자 한다. 경북대학교 국어국문학과 BK21플러스 사업단에서는 영남일보의 협조를 받아, 우리가 공부해 온 한국어와 한국문학에 대한 지식을 시민들과 공유하는 마당을 열게 되었다. 이 마당이 우리가 받은 사회적 지원에 조금이나마 보답하는 터가 되기를 바란다.

● 영남일보「우리말과 한국문학」, 2019. 5. 2.

한반도의 문자생활에서 일어난 세 가지 혁신

우리의 역사와 문화를 언어와 문자의 관점에서 볼 때 우리는 세 번의 큰 혁신을 겪었다.

첫 번째 혁신은 중국으로부터 한자와 한문을 도입하여 우리 문자생활의 기반을 마련한 것이다. 기원전 3세기경에 한문자漢文字가 한반도 북부에 유입되었고, 5세기 전후에 한문 쓰기가 정착되었다. 한문자의 유입과 정착은 한민족에게 새로운 문화와 문명을 가져다주었다는 점에서 대단히 중요한 의미를 가진다. 한자와 한문을 통해 우리는 보편적 문화와 학술 및 지식을 수용하고, 이것을 우리 문화 속에 녹여 내어 다시 우리 고유의 것을 창출하는 원료로 활용했던 것이다.

두 번째의 큰 혁신은 1446년에 세종대왕이 훈민정음을 만들어 널리 반포한 사건이다. 이 일은 우리 민족 문화사에서 최대의 의미를 가지는 쾌거이다. 세종대왕이 우리 문자를 만들기 이전에도 소리로서의 우리말(조선어)은 있었다. 다만 이 우리말을 표기할 문자가 없었던 것이다. 훈민정음이라는 새로운 문자를 만듦으로써 조선의 백성들은 새로운 지식과 생활 문화의 세계로 진입할 수 있었다.

세 번째의 큰 혁신은 1894년 갑오개혁과 함께 훈민정음이 '국문'國文(=나랏글)으로 공인된 때였다. 1894년 이전에는 우리 문자를 주로 '언문'이라 부르면서 한자와 한문에 비해 크게 열등한 지위에 두었다. 국가의 공용 문자는 한자와 한문이었다. 훈민정음은 통치 이념을 가르친 책(삼강행실도)과 왕이 백성에게 내린 윤음에서 공적으로 쓰인 정도였다. 언문이 '국문'으로 공인되었다는 것은 곧 국가의 공용 문자를 혁신한 역사적 일대 사건이었다. 이때부터 우리 정부의 관문서가 국한문으로 작성되었고, 학교 교육에서도 공식적으로 우리말과 우리 문자를 가르치게 되었다. 그 이전까지 한글과 우리말은 한 번도 국가의 제도적 틀 안에서 교육된 적이 없었다.

세 번째의 이 혁신은 한민족 역사에서 엄청난 변화를 몰고 왔다. 개화기 때는 서양 문물의 도입이 당대 최대의 과제였고 관심사였다. 서양에서 도입된 수많은 학술서와 종교서 등이 한글로 번역되었고, 서구의 신학문 체계가 한국어로 표현되고 가르쳐졌다. 당시의 학자와 애국지사들은 심혈을 기울여 서양 학문을 도입하고 이것을 다음 세대에게 가르치려 했다. 한글은 우리 민족에게 부과된 이러한 역사적 과업을 수행하는 데 매우 유용한 수단이 되었다. 근대적 학교 제도가 도입되면서 '국어'는 학교에서 가르치는 정규 과목이 되었으며, 모든 교재의 내용 서술에 한국어와 한글이 활용되었다. 조선어학회가 '한글맞춤법 통일안'을 제정한 것도 이러한 역사적 과업의 실천을 위해 한글 쓰기 규범을 통일하려는 노력의 결과였다.

일제강점기에는 우리말과 우리 문자가 엄청난 수난을 겪기도 하였지만 해방 이후 그 지위를 되찾고 이에 대한 교육이 본격적으로 실시되었다. 모든 교과목의 교재가 한글로 표기되었다. 그리하여 한글은 신지식과 신기술을 익히는 데 결정적인 기여를 하게 되었다. 한문은 전근대 사회에서 양반을 중심으로 한 특수층의 전유물이었고 또한 우리말을 표현하는 데 명백한 한계가 있었다. 이 때문에 한문으로는 우리 민족의 역사적 과업인 민주화와 근대화 과업을 수행할 수 없었다. 한민족이 20세기 초기부터 노력해 온 민주화 및 근대화의 과업을 수행하는 데 한글은 더할 나위 없이 좋은 수단이었다. 한글에 내재된 민주성과 과학성은 정치적 민주화와 근대화 과업과 매우 잘 어울리는 속성이다.

한국의 민주화와 근대화 과정을 흔히 '압축 성장'이라는 말로 표현하곤 한다. 이 말은 서구가 겪어 온 장기간의 근대화 과정을 한국은 불과 수십 년 사이에 달성했음을 뜻한다. 한국이 이룩한 고도성장의 배경을 높은 교육열에서 찾기도 하지만, 그 교육열을 교육 현장에 직결시켜 현실화해 낸 것은 바로 한국어와 한글이다. 한국어와 한글을 통해 학교 교육과 연구 활동이 수행되었기 때문에, 우리가 이룩한 근대화와 압축 성장의 동력은 한국어와 한글에서 비롯된 것이라고 자신 있게 말할 수 있다.

● 새로 쓴 글

네 번째의 혁신을 위한 준비

한국어와 한글의 역사적 발달 과정이라는 측면에서, 우리는 네 번째 혁신을 준비해야 한다. 네 번째의 혁신은 한국어와 한글의 세계화라는 비전을 실현하기 위한 것이 되어야 한다. 또한 네 번째 혁신은 문자로서의 한글에 국한되는 것이어서는 안 된다. 한글로 표현되는 한국어와 한국어로 표현되는 한국 문화와 예술을 아우르는 것이 되어야 한다. 이러한 비전을 갖고, 이제 우리는 21세기의 한국어 발전과 세계 속의 한국어로 나아가는 국가 차원의 한국어 산업화 정책을 만들기 위해, 우리의 지혜를 모아야 할 절호의 기회를 맞고 있다.

해마다 한글날이 되어야 비로소 한편으로는 우리말에 대해 걱정하는 기사가 뜨고, 또 다른 한편에는 한글의 우수성을 습관적으로 되풀이 강조하고 있는 것이 아닌가? 이제 우리는 우리말에 대한 걱정과 한글의 우수성 운운하는 말을 되뇌고만 있을 수가 없다. 한글의 우수성은 이미 세계의 언어학자들이 인정한 바이고, 한글의 조형성은 컴퓨터 시대를 맞아 수많은 한글 서체를 창안해 낸 원천이 되고 있다.

민족주의의 틀에 갇혀 우리 것의 우수성을 부르짖고만 있으면 앞으로 더 나아갈 수 없고, 한글의 보편적 가치를 펼칠 수도 없다. 한글이란 훌륭한 그릇을 남과 나누어 써야 하고, 그러기 위해서는 좋은 내용물을 갖추어야 한다. 한글이 세계 문화의 보편적 가치를 담아내는 그릇이 되도록 노력해야 한다. 소수 민족의 언어를 기록하는 문자로 한글의 역할을 확장하려는 훈민정음학회의 노력은 세종의 훈민정음 창제 목적을 지구적 차원으로 확장한 것이라고 볼 수 있다. 그리하여 인도네시아의 수많은 소수 민족 언어의 하나인 찌아찌아어를 한글로 표기하였다. 훈민정음학회의 이러한 시도는 문자를 모르는 백성의 편의를 위해 한글을 창제한 세종의 뜻을 이어받은 것이었다.

● 새로 쓴 글

한국어가 학술어로 발전해야 하는 까닭

말은 의사소통의 수단으로 중요한 것이지만 수단적 도구에 그치는 것이 아니다. 말하는 행위는 사람의 신체 활동과 정신 활동의 동시적 실현이다. 언어는 말소리를 통해 인간 내면의 정신을 표현한다. 지구상에 존재하는 6천여 개의 언어는 제각각 말소리가 다르고 문법이 다르고 어휘가 다르다. 이 차이는 그 언어를 사용하는 사람들의 정신 활동의 차이를 빚어낸다. 언어는 인간의 사고와 정신을 형성한다. 독일의 위대한 언어철학자이자 뛰어난 행정가로서 근대 학교 제도를 만든 훔볼트는 언어의 이러한 특성을 두고 언어의 차이가 세계관의 차이를 형성한다고 보았다. 한국어에는 한국인의 세계관이 담기고, 프랑스어에는 프랑스인의 세계관이 반영된다는 것이다.

하나의 언어가 그 구실을 제대로 하려면 언어가 사용되는 다양한 용도와 기능에 부응할 수 있어야 한다. 언어의 용도와 기능은 여러 가지 관점에서 설명할 수 있다. 언어가 사용되는 사회적 위상을 기준으로 보면 언어의 기능은 크게 넷으로 나눌 수 있다. 생활어 기능, 문학어 기능, 공공어公共語 기능, 학술어 기능이 그것이다. 생활어는 개인의 일상생활과 가정에서 쓰이는 말이다. 가정의 일상생활과 물건의 매매, 여행 등에서 쓰는 것이 일상어이다. 어떤 언어가 가정을 중심으로 한 일상생활어 차원에서만 쓰인다면, 그 언어는 세대가 이어져 가면서 점점 위축되고 머지않아 소멸의 운명을 겪게 된다. 문학어는 시나 소설 등 문학 장르의 글쓰기와 이들을 읽을 때의 언어이다. 공공어는 방송, 언론, 공문서 등 공공적 차원에서 기능하는 언어이다. 하나의 언어가 공공어 기능을 수행할 수 있다는 것은 그 언어가 일정한 수준에 올라 있음을 뜻한다.

학술어는 학술적 성격을 띤 논문과 논설문, 그리고 대학의 강의와 학술 저서에서 제 역할을 하는 언어를 말한다. 문학어 기능과 함께 학술어 기능은 한 언어를 구사하는 가장 고급 수준에 놓인다. 그런데 세계의 대부분 언어가 학술어 기능을 하지 못하고 있다. 하나의 언어가 학술어로서 기능한다는 것은 매우 중요하다. 학술어 기능은 공공어 기능을 뒷받침하는 샘물과 같다. 공공어 기능을 제대로 하는 언어는 생활어로서도 모자람이 없게 마련이다. 학술어로서 기능을 발휘하지 못하는 언어는 공공어와 생활어 기능을 제대로 할 수 없게 된다.

한글 반포 이후 조선왕조 500년 동안 한국어와 한글이 학술 어문으로 기능을 한 적이 없었다. 한국어와 한글은 이른바 '언어'諺語와 '언문'諺文이라 불리며 일상 생활어와 이를 표기한 문자로 간주되었다. 500년에 가까운 긴 세월 동안 한국어와 한글은 일상 어문의 기능만 담당했던 것이다. 가족 간에 주고받는 편지나 여성을 위한 제문, 여성을 위한 음식조리법 기록 등에 한글이 사용되었다. 생활 속의 서정을 읊은 가사나 시조, 재미를 위해 읽은 언문 소설 등에 한글이 사용된 것은 그나마 문학어로서 한글의 기능을 발휘한 것이라 하겠다. 그러나 양반 남성 대부분의 문학어는 한문자였다.

한국어와 한글이 학술어로 제 기능을 하게 된 것은 불과 100년도 되지 않는다. 1446년에 한글이 반포된 후 한글은 공공어를 뒷받침하는 문자로 쓰이지 않았고, 학술어는 더더욱 아니었다. 조선시대의 모든 공문서는 물론 학술 문장에 철저히 한문을 썼다. 성리학 연구는 물론 역사서, 천문 연구서, 의학서 등을 모두 한문으로 썼다. 양반층이 생산한 문학작품 역시 대부분이 한문이다. 한글은 외국어 학습서, 음식조리서, 구급방 등의 실용서에 약간 쓰였을 뿐이다.

한글이 공공어 및 학술어로 첫걸음 뗀 것은 갑오개혁 이후 한글이 나랏글 즉 '국문'이 되고부터이다. 1894년에 고종이 내린 칙령 제1호 공문식公文式에 공문서의 문자를 국문으로 한다고 법제화했다. 이때부터 한글은 공공어로의 길로 나아갔고, 서양의 학문과 지식을 번역하고 소개하는 학술서의 문자로 발전하기 시작했다. 그러나 1910년에 일제의 한반도 강점으로 한글과 한국어는 조선 문자와 조선어로 격하되었고, 일본 문자와 일본어에 국문과 국어의 자리를 빼앗겼다.

1945년의 광복과 미군정이 실시되었고, 이어서 대한민국 정부가 세워지고 헌법이 제정되었다. 민주주의 체제가 확립되면서 한국어와 한글은 비로소 공공어와 학술어로 발전할 수 있는 제도적 기반을 갖게 되었다. 이후 1945년부터 2019년 현재까지 약 75년 사이에 한글과 한국어는 공공어와 학술어로서 커다란 발전을 이룩했다.

그러나 아직도 학술어로서의 기능은 갈 길이 멀다. 게다가 2000년 이후에 한국어와 한글이 학술어로 발전해 가는 데 심각한 위협과 장애물이 되는 제도가 여러 곳에서 나타났다. 공공기관은 공공어 제정에 영어 표현을 남발하고(예: colorful Daegu), 어떤 대학은 교수들에게 영어 강의와 영어 논문을 요구하고 있다. 대학 평가를 할 조직과 능력을 갖추고 있는지 심히 의심스러운 신문사가 영어 강좌의 수를 대학 평가의 잣대로 삼기도 한다. 이것들은 한국어의 학술 기능을 저하시키는 심각한 위협이다. 영어 강의는 필요한 과목에서 시행하면 된다. 국제적 활동을 하는 학자는 필요한 경우에 영어 논문을 쓰고 있다. 영어 논문 작성도 필요한 경우에 하면 되는 것이지 강요할 일이 아니다. 한국어로 논문을 쓴다는 것은 한국어의 학술어 기능을 발전시켜 가는 데 매우 중요하다. 이런 점에서 오늘날 이공계 논문이 영어로만 쓰이는 것은 결코 바람직한 일이 아니다. 노벨상 수상자가 많은 일본의 대학에서 영어 강의와 영어 논문 쓰기를 강요한다는 말을 들어본 적이 없다. 지식의 중심인 대학과 언론 매체의 중심인 신문사가, 한글과 한국어가 공공어로서, 학술어로서 발전해 가는 길에 장애물을 놓아서 되겠는가? 한문 숭배 사대주의가 조선시대에 있었고, 오늘날에는 그 자리를 영어가 꿰찼다. 자발적 영어 숭배가 한국 사회에 팽배해 있는 오늘날, 한국어가 학술어로 계속 발전해 가는 것이 얼마나 중요한 것인지 깊이 생각해야 한다.

● 영남일보 「우리말과 한국문학」, 2019. 11. 28.

영어 강의를 해 온 두 교수의 증언

고려대의 이철호 명예교수는 식품공학자로서 영어 강의 열풍이 불기 전에 이미 비교음식문화연구(Comparative dietary culture studies)라는 과목을 16년간 영어로 강의하였다고 한다. 이철호 교수는 1980년대에 "아시아에서는 자기 말과 글로 대학에서 강의하는 나라는 한국, 일본, 중국 세 나라뿐이었다."라고 하고, 요즈음 "교수로 임용될 때 영어로 강의하기로 약속한 관계로 외국인이 하나 없는 교실에서 영어로 강의하느라고 애쓰는 젊은 교수들을 보면 측은하기 그지없다."라고 하였다. 또, "영어가 학술용어로 확실한 자리매김을 한 것은 그리 오래되지 않은 일이다. 영어가 라틴어에서 독립해 과학 학술용어로 자리를 잡기 위해 수 세기의 피나는 노력이 있었다. (…중략…) 해방 후 우리는 각고의 노력으로 우리말로 과학기술 논문을 쓰는 데 어려움이 없을 정도로 우리말을 발전시켰다. 통일이 돼 북한의 학술용어와 합치면 우리는 실로 진일보한 한국어로 발전시킬 수 있다."라고 하였다. 그의 결론은 "영어 강의는 자생적으로 필요할 때 교수의 재량으로 하는 것이 마땅하다. 지금처럼 억지로 하는 영어 강의는 강의의 질을 떨어뜨리고 우리 학문의 뿌리를 훼손하는 역사적 오류를 범하게 될 것이 분명하다."라는 것이다. 오랫동안 영어 강의를 실천해 왔으면서도, "조선시대에는 한문에 의존하고 앞으로는 영어에 의존하는 한국이 된다면 우리의 장래는 희망이 없다."라고 말하는 원로 학자의 주장을 우리는 귀담아들어야 한다.

정치외교학 전공 문정인 교수(연세대 정치외교학과)는 인문학이나 사회과학 전반에 무분별한 영어 강의를 도입하는 것의 폐해를 지적하였다. 영어로 가르치는 교수는 자신이 가진 지식의 70~80% 정도밖에 전달하지 못하고, 영어에 충분히 훈련되지 않은 수강 학생들은 그 강의 내용의 50~60% 이상 소화하기 어렵다. 이 때문에 영어 강의가 대학 강의실에서 교수와 학생들을 '무지의 공모자'로 만든다고 하였다. 이를 보완하는 불가피한 방법으로 교수는, 영어로 말한 후 다시 한국어로 다시 풀이해 주는 '한영 대역對譯 교수법'을 쓰기도 한다. 영어 강의에서는 활발한 토론을 통해 사유의 심화를 요구하는 강의는 불가능하다. 수강 학생 사이의 형평성 문제도 있다. 외교관이나 상사 주재원 자녀들처럼 외국에서 공부한 경험이 있거나 특목고에서 영어 심화교육을 잘 받은 학생들은 곧바로 의무 영어 강의의 최대 수혜자가 된다. 평범한 학생들이 고전을 면치 못하는 동안 '부모를 잘 만난' 학생들은 토론이나 질의 응답에서 자연스레 두각을 나타내고 좋은 성적을 독차지한다. 문정인 교수는 천편일률적으로 진행되는 영어 강의 의무화와 이를 대학 평가의 주요 기준으로 삼는 무조건적인 영어 지상주의의 부작용을 대학과 교육 당국, 기타 평가기관들이 냉철히 분석하고 그 개선책을 마련해 나가야 한다고 결론을 맺었다.

대학 강의에서 영어 강의를 강요하고, 영어 논문 작성을 의무화하는 것은 학술어로서의 한국어의 발전을 심각하게 위협하는 처사이다. 영어 논문 작성에 있어서도 필자는 이철호 교수의 생각, 필요할 때 교수의 재량으로 하면 된다는 생각에 전적으로 동의한다. 국제화의 시대에 살아남기 위해 학자들은 누가 강요하지 않아도 영문 논문을 쓰고 있다. 필요할 때는 영어 논문을 써서 국제 학술대회에서 세계의 학자들과 어깨를 나란히 할 수 있어야 한다. 그러나 모든 학문 분야에 무분별하게 영문 논문을 강요하는 제도를 우리 스스로 만드는 어리석음을 계속해서 안 된다. 모국 어문 글쓰기에 능통한 사람이 영어 논문도 잘 쓴다. 모국 어문을 통한 학술 활동을 바탕으로 하여 영어 논문 글쓰기로 나아가는 것이 바람직하다.

영어 강의와 영문 논문 작성을 제도화하여 강요하는 것은 조선시대의 한문 자리에 다시 영어를 갖다 놓은 일이다. 이는 조선시대 지식인들의 한문 숭배주의가 영문 숭배주의로 바뀐 것이며, 한문 숭배주의의 현대적 변형이라 할 수 있다. 우리는 조선시대 지식인들의 한문 숭배주의가 현대 한국에서 영문 숭배주의로 변형되어 나타나고 있는 현실을 직시해야 한다. 한국 어문을 통한 학술 능력을 키우는 것이 한국이 세계 학계에 기여하는 토대가 됨을 인식해야 한다.

● 새로 쓴 글

- 이철호 교수의 논설문, "대학의 영어강의, 어디까지 해야 하나?"(교수신문 2011년 5월 30일자 게재)를 참고함.
- 문정인 교수의 논설문, "영어강의 확대, 그 불편한 진실"(중앙일보 2012년 6월 4일자 게재)을 참고함.

한국어 연구의 이론에 대한 성찰과 새로운 방향 모색

-대학원 신입생에게 주는 글-

거시 언어이론과 미시 언어이론

한국어를 연구해 온 국어학자들은 어떤 이론을 활용해 왔는가? 지금까지 국내의 몇몇 학회나 학술 잡지에서 외국 언어학 이론의 국내 수용 과정과 그 이론을 적용한 연구 성과 등에 대한 비판적 검토가 몇 차례 이루어진 적이 있었다. 이러한 글을 읽은 나의 경험을 토대로 한국어 연구에 이용해 온 이론들에 대해 생각해 보려고 한다.

이론은 그 규모에 따라 큰 이론과 작은 이론으로 나눌 수 있다. 전자를 거시이론(거대이론 macro theory)이라 하고, 후자를 미시이론(미세이론 micro theory)이라 부르기도 한다. 어느 정도의 규모가 되어야 거시이론이 되는 것인지, 거시이론과 미시이론의 구별 기준이 무엇인지 정확히 말하기 어렵다. 기존의 이론으로 보아 대체로 언어 층위의 여러 국면 전체에 관련된 이론은 거시이론이라 생각한다. 언어 체계 전반과 언어 사용의 전체적 양상에 대한 연구라 할 수 있는 구조언어학, 변형생성이론, 역사언어학, 사회언어학, 인지언어학 등이 언어학의 거시이론이다. 미시이론은 특정 언어 현상을 설명하는 데 관한 이론이라 생각한다. 예컨대 문법화 이론, 품사론, 선어말어미 배열론, 변별자질론, 아래아의 변화에 대한 설명, 원순모음화에 대한 설명, 낱말의 지리적 분포 등에 대한 이론이 미시이론에 해당한다.

이론의 국제적 교류와 독창적 이론의 개발

오늘날 한국인 학자들이 국내외에서 사용하고 있는 학문 이론은 거의 대부분이 서구 학문에서 수입한 것이다. 현대의 학문 분류체계가 이미 서구에서 성립된 것이고 우리는 그것을 가져와 대학의 연구 체제를 만들었다. 한국 고유의 학문 이론은 발전시킨 분야가 과연 있기나 한 것인지, 나는 잘 모른다.

학문 이론의 보편성과 국제성으로 볼 때 우리는 한국 고유의 학문 이론에 굳이 집착할 필요는 없다. 세종대왕의 독창적 연구의 결과물로 나온 훈민정음도 당시까지 산출된 외국의 음성 분석 방법과 문자학 이론을 활용한 것이다. 예컨대 초성을 분류한 아음, 설음, 순음, 치음, 후음, 반설음과 반치음과 같은 분류체계는 중국의 성운학 이론에서 빌려온 것이다. 그런데 중국의 오음 분류체계는 고대 인도의 파니니의 언어 분석 이론에 영향을 받아 형성된 것이다. 고대의 인도→중국→조선으로 전해진 언어 이론의 세계적 흐름과 동아시아에서 전개된 문자 제정의 흐름이 훈민정음이라는 한국 특유의 문자를 창제하는 데 영향을 미쳤다. 오래전에 전개된 이론의 국제적 교류 양상을 여기서 확인할 수 있다.

언어 보편소와 이론의 보편성

언어학과 한국어학의 연구 대상은 언어이다. 인간의 외모와 신체 구조는 세계 여러 민족과 인종에 관계없이 공통점이 뚜렷하다. 이같이 지구의 모든 민족과 인간 집단이 가진 언어도 상호 간의 공통성이 뚜렷하다. 언어 간의 이런 공통적 성격을 우리는 '언어 보편성'이라 부르고, 공통적 언어 요소를 '언어 보편소'라 부른다. 모든 언어에 명사와 동사가 있다. 모든 언어는 이러한 품사를 결합하여 문장을 만드는 통사 규칙을 가지고 있다. 모든 언어에는 자음과 모음이 있고 그 수효가 제한되어 있다. 하나의 언어는 인간의 발음 기관에서 발성 가능한 많은 음성 중의 일부만 이용하며, 개별 언어에 따라 이용하는 음성이 다르다. 영어에는 f와 v가 있지만 한국어에는 이 음들이 없다. 한국어에는 ㄸ과 ㅃ 등의 된소리가 있지만 영어에는 이 음들이 없다. 이런 음들은 특정 언어소이다. a, i, u와 같은 모음은 거의 모든 언어에 존재한다. 이런 음들이 언어 보편소이다. 또한 모든 언어에는 사물을 지시하는 명사가 있고, 움직임을 표현하는 동사가 있다. 이런 것 역시 언어 보편소가 된다.

언어 보편소의 존재는 언어 연구 이론에서의 보편성과 관련된다. 언어 보편소를 논하는 언어 이론이 보편성을 가짐은 자연스러운 것이다.

사람의 몸과 마음에 대한 이론도 이와 같아서 인종에 구별 없이 적용될 수 있는 보편성을 가진다. 물론 인종에 따른 몸과 마음의 차이는 있을 수 있다. 언어도 이와 같다. 개별 언어 특유의 속성도 있으나 보편적 속성을 가진다. 이런 점에서 나는 한국어 연구를 위해 서구에서 발전된 언어학 이론을 이용하는 것이 조금도 문제될 것이 없다고 본다.

이론 정립을 위한 자기 점검의 필요성

지난 100년 동안의 한국어 연구는 서구의 언어학 이론에 크게 의존해 왔다. 국어학자뿐 아니라 영어학 등의 외국어 연구자들은 서구의 언어학 이론을 수입하는 데 힘을 쏟아 왔다. 외국 유학을 가서 서구 언어학 이론을 배웠고, 분투 노력하여 박사 학위를 받아 왔다. 오히려 서구 언어학 이론에 의존하는 정도가 지나쳐 염려스러운 점도 있었다. 이러한 염려 때문에 몇몇 학회에서는 서구 언어학 이론의 수용 과정과 그것이 갖는 의미를 이론적 관점에서 꾸준히 점검해 왔었다. 외국 이론의 홍수에 빠져 스스로의 모습을 놓치지 않는지 경계해 왔던 것이다.

이러한 자기 점검은 서구 이론에 경도되어 있는 우리의 모습을 의식하면서 한편으로 독자성 있는 '우리 이론'을 만들어 보고자 하는 의도를 깔고 있다. 우리에게도 훈민정음을 창제하면서 개발한 독창적인 문자론이 있다. 훈민정음 중성 체계의 설정과 음가 기술, 음절 삼분법 등은 외국 문자론을 흡수하여 새롭게 변용한 방법론이다. 그리고 20세기 초에 주시경 선생의 형태 분석 및 문장구조 분석 틀에도 독창적 방법론이 나타나 있다. 그 후에 나온 많은 국어학자의 논문과 저술에서 국어의 구조와 언어 현상을 설명하려는 노력이 이어졌다. 이 과정에서 이론적 가치가 있는 성과가 적지 않게 산출되었다고 본다.

그러나 우리는 이러한 성과를 제대로 발굴하지 못하고 있는 듯하다. 선배 학자들의 연구 성과를 면밀히 분석하여 그중에서 보편적 언어 이론 요소가 무엇이고, 새로이 개발하거나 창안한 언어 이론 요소가 무엇인지를 밝혀내어야 한다. 이론 정립이라는 관점에서 선행 연구를 점검할 필요가 있다는 것이다.

내가 이론 정립이라는 관점에서 선행 연구를 점검할 필요가 있음을 강조하는 이유는 다음 몇 가지이다. 첫째, 서구의 언어학 이론이 유입된 지가 이미 100년이 지났고 지난 세기 동안에 수행된 한국어 연구 성과를 이론 정립의 관점에서 종합적으로 연구한 적이 없다는 점이다. 둘째, 어떤 학문이든지 연구 이론에 대해 부단한 관심으로 자기 점검을 하는 것은 매우 중요하다. 특히 우리가 수행하는 연구, 우리가 활용하는 연구가 어떤 이론적 특징을 가지고 있고, 그 이론이 갖는 학문사적 의미가 무엇인지를 파악하는 거시적 안목을 가져야 한다. 이러한 안목을 갖고 연구에 임할 때, 우리는 우리 나름의 이론을 만들어 그것을 통해 세계 언어학계에 기여할 수 있다. 셋째, 이런 노력을 통해 우리 학문의 독창성과 우리 학문 이론의 세계적 보편성 획득에 기여할 수 있다는 점이다. 그리고 오늘날 한국의 인문사회 학계에서 진행되고 있는 우리 학문의 길 찾기 노력, 우리의 학문적 독자성 구축이라는 시대적 흐름을 한국어 학계에서 좀 더 적극적으로 받아들일 수 있다.

내가 생각하는 언어의 존재성과 이론의 성격

다음으로 나의 연구 분야에서 활용하고 있는 언어 이론에 관해 밝혀 기술해 보려 한다. 나는 언어가 크게 세 가지 차원의 존재성을 지닌다고 생각한다. 첫째는 특정 시점에서 구조 체계로 존재하는 언어이다. 둘째는 시공 속에서 변화하는 역사적 존재로서의 언어이다. 첫째의 측면을 언어의 공시성이라 하고, 둘째의 측면을 언어의 통시성 혹은 역사성이라 부른다. 셋째, 언어는 사회적 존재로서 사회성을 가진다는 점이다. 언어는 그것을 사용하는 사람과 사회를 통해 구체적으로 기능한다는 것이 사회적 존재의 뜻이다. 언어라는 존재는 인간에 의존해 있다. 언어를 사용하는 인간은 일차적으로는 개인이다. 개인은 사회 조직의 한 구성원이고, 언어의 본질적 기능은 그 속에서 의사소통 기능을 하는 것이다. 이런 점에서 언어는 사회 의존적 속성을 가지고 있다. 즉 언어 사용의 주체는 개인이지만 개인이 속한 사회집단 속에서 언어가 기능하는 것이다. 이것을 나는 언어의 사회성이라 부른다. 위 세 가지를 요약하여 표현하면, 언어는 구조적 체계성, 역사성, 사회성이라는 존재성을 가진다고 말할 수 있다. 언어의 이 세 가지 존재성을 연구하는 이론에 어떤 것이 있는지 검토해 보자.

구조주의 언어학 이론

언어의 구조적 체계성을 연구하는 이론을 구조주의 언어학이라 불러 왔다. 구조언어학에서는 언어의 구성 요소를 분석하고 구성 요소가 유기적으로 결합하여 기능하는 원리를 탐구한다. 음소, 형태소, 어휘, 구절, 문장 단위가 크고 작은 구성 요소가 된다. 음소는 유기적으로 조직화되어 음운 체계를 이루고, 형태소와 어휘는 구절과 문장을 이룬다. 문장은 이들이 서로 결합하는 산출물이다. 음운과 어휘와 문장은 그 내부에 각각의 구조 체계를 가진다. 이들은 서로 결합하고 상호 작용하는 관계망 속에 놓인다. 이 결합과 상호 작용에는 이를 관장하는 규칙이 존재한다. 규칙은 관계망을 형성하는 원리가 된다. 음운 규칙, 어휘 규칙, 통사 규칙은 언어의 구성 요소를 결합하고 상호 작용하는 데 중요한 뼈대가 된다.

언어가 갖고 있는 이러한 속성을 밝히는 것이 언어학의 목표이다. 이러한 언어학의 목표를 달성하기 위해 개발된 언어 이론 중 가장 널리 활용되어 온 이론이 구조주의 언어학이라 생각한다. 구조주의 언어학은 언어를 하나의 구조체로 간주한다. 언어라는 구조체는 그 안에 여러 차원의 구성소를 갖는다. 그 구성소들은 서로 일정한 관계를 맺고 있으며 이러한 관계의 총화가 언어 구조체라고 본다. 소쉬르가 창안한 구조언어학은 20세기 초에 유럽을 중심으로 이론적 발전을 진전시키면서 언어학의 주류 이론 역할을 하였다. 20세기 중엽에 미국에서 발전된 변형생성이론은 그것이 의지한 배경 철학과 언어습득 이론 등에서 구조언어학과 상당한 차이를 보이지만, 생성음운론의 변별자질 이론이나 통사론의 구절구조 규칙 등에서 구조언어학의 방법론을 계승하였다.

구조주의 언어학에서는 언어를 자율적 체계로 간주하여 언어 자체의 구조적 성격을 밝히는 데 주력한다. 특히 언어의 공시태 즉 일정한 시기에 언어가 작용하고 존재하는 양상을 밝히는 것을 중시하였다. 이것을 소쉬르는 언어의 공시적 연구 즉 공시언어학이라 불렀다. 음운론에서의 구조주의적 방법론은 프라그 학파에서 발전되었다. 특히 트루베츠코이는 음소들의 관계를 구조주의적 관점에서 정립하는 데 기여하였다. 그는 한 언어의 음소들이 서로 맺고 있는 관계를 대립의 관점에서 분석하였다. 그가 창안한 양면대립과 다면대립, 비례대립과 고립대립, 유무대립과 가중화대립 등의 대립 개념은 음운 체계의 구조적 특성과 음소들이 맺고 있는 상호 관계를 이해하는 데 기여하였다.

여기서 구조언어학의 방법론을 다 소개하기 어렵다. 나는 언어 자체를 분석하고 그 구조적 특성을 파악하고 다양한 언어 현상을 설명하는 데 있어서, 구조언어학은 여전히 유용한 이론이라고 생각한다. 다만 오늘날 발전된 이론의 수준에 맞지 않는 것은 가려내야 할 것이다. 내가 연구하고 있는 음운론 분야에서는 음소의 대립 관계에 기반을 둔 음운 체계의 개념 및 이와 관련된 방법론은 음운 현상의 설명에 여전히 활용될 수 있는 방법론이다.

역사언어학 이론

언어의 특성 중 두 번째로 논할 것은 언어의 역사성이다. 나는 한국어 음운사를 중심으로 하고 문헌에 반영된 방언 어휘를 색출하여 부류별로 연구한 논문을 쓴 적도 있다. 내가 이런 연구를 진행하면서 활용한 이론은 주로 역사언어학, 구조언어학, 생성음운론이다. 역사언어학에서 개발한 주요 개념 중의 하나는 음성변화 sound change이다. sound change는 phonological change로 이론화되었고, King에 의해 역사언어학의 음성변화 연구가 생성이론과 결합하였다. 그리하여 음성변화는 규칙의 형식으로 표현되고 이 규칙의 표기 규약 속에 변별자질에 수용되었다. 또한 역사언어학의 음성변화는 구조언어학과 결합하여 체계적 음운변화의 개념으로 발전하였다. 음성의 개별적 변화를 연구한 역사언어학의 방법론은 음운의 체계 변화의 개념으로 발전하고, 여기에 변별자질을 포함한 생성음운론의 정교한 규칙적용 순위 및 규칙 표기 규약의 방법론이 접목되었다. 그리하여 음운변화에 관한 역사적 연구는 언어학 이론의 변천과 더불어 심화되어 왔으며, 변화의 분석 기법과 표기 방법 등 기술적 장치의 정교함을 획득하였다. 그 결과 음운변화에 대한 연구는 역사언어학의 다른 방면보다 더 정밀하고 과학적인 성취를 이루어 낸 것으로 평가된다. 음운변화를 음운 체계의 변화로 보는 관점은 국어 음운사에 적용되어 모음 체계의 변화와 자음 체계의 변화를 설명해 내는 데 기여하였다. 그리고 생성음운론의 변별자질론과 규칙적용의 순서 등의 개념은 공시적 변이형과 통시적 변화형을 설명하는 데 기여하였다.

사회언어학 이론

내가 위에서 세 번째로 언급한 언어의 사회성에 관한 연구는 사회언어학에서 다룬다. 언어는 언어를 사용하는 사람을 통해 구체적으로 그 모습을 구현한다. 언어라는 존재는 인간에 의존해 있다. 언어를 사용하는 인간은 일차적으로는 개인이지만 언어의 본질적 기능은 의사소통 기능이면서 사회 의존적 속성을 가지고 있다. 즉 언어 사용 주체는 개인이지만 개인이 속한 사회집단 속에서 언어가 기능한다는 것이다. 우리는 이것을 언어의 사회성이라 부른다. 언어는 성별, 연령, 사회 계층적 요인, 발화의 스타일에 따라 변이되는 존재이다. 하나의 음운변화 혹은 문법변화를 발생시키는 사회적 집단 혹은 요인이 있을 수 있다. 그리고 발생한 언어변화를 적극적으로 수용하는 집단이 있을 수 있고 거부하는 집단도 있을 수 있다. 또 발생한 언어변화 중에는 언어 사회 전체에서 수용되는 현상도 있고, 거부되는 현상도 있을 수 있다.

예컨대 ㄷ구개음화와 ㄱ구개음화는 16세기 후기에서 17세기 전기에 걸쳐 남부 방언(전라, 경상방언)에서 발생하여 전국적으로 확산되었다. 이 중에서 ㄷ구개음화는 18세기 중기에 서울말 등 중부 방언권에서도 수용된다. 그러나 ㄱ구개음화는 서울말에서 거부되어 시골 촌부들의 말이 가진 특성으로 낙인찍히게 된다. 그리하여 원래 ㅈ이었던 '질삼', '질마', '짗' 등을 '길삼', '길마', '깆'으로 과도교정하는 현상까지 나타나게 되었다. 심지어 서울 사람들이 '점심'을 '겸심'으로 발음하는 것도 관찰된다. 왜 ㄷ구개음화는 수용하고, ㄱ구개음화는 수용하지 않았는가?

더욱이 평안도 사람들은 ㄷ구개음화도 수용하지 않았다. 조선 팔도 중 칠도 방언이 다 변했는데 오직 평안도만 ㄷ구개음화를 수용하지 않았다. 18세기 말기의 평안도 사람들은 이 점을 자랑스럽게 여겼다. 그 이유가 무엇인가? 이런 의문에 대해 역사언어학과 사회언어학이 결합한 역사사회언어학의 관점에서 답할 수 있다.

전란이 언어에 미치는 영향 문제

지금까지의 국어사 학자들이 주장하고 있는 것처럼, 과연 임진왜란이 국어사의 변화에서 큰 영향을 미치지 못한 것일까? 정유재란을 포함한 7년 동안 전국이 쑥대밭이 되고 수많은 병사와 주민들이 거주지를 떠나 피난민이 되었을 터인데, 이것이 그 시대의 국어 변화에 영향을 주지 않았을까? 임진왜란 전후의 문헌을 비교 분석해 보니 별 차이가 없더라는 한 마디로 이 의문을 끝낼 수 있을까? 나는 이 문제가 그렇게 간단하지 않다고 생각한다. 우리의 연구 방법이 무디어서 이 주제에 대해 아직 접근하는 길을 못 찾아낸 것이 아닌가 생각한다. 이 주제에 대한 질문을 더 철저히 만들고, 질문에 대한 설명을 찾아내는 것은 앞으로의 과제일 것이다.

한국 현대사에서 엄청난 파란과 커다란 역사 사회적 의미를 가진 육이오 전쟁은 또 어떠한가! 현대 국어사 연구에서 본격적으로 다루어야 할 주제가 바로 이것이다. 육이오 전쟁이 국어 변화에 어떻게 작용하였고, 그 결과는 어떻게 나타났는가? 또 그 결과가 갖는 언어학적, 사회학적 의미는 무엇인가? 육이오 전쟁이 최근의 사건이어서 그런지 국어학적 측면에서 이와 관련된 자료 조사와 정리가 극히 미미한 실정이다. 육이오 전쟁이 국어에 미친 영향을 연구하는 방법론은 무엇일까? 역사사회언어학의 이론과 방법론 중에서 이용할 만한 것이 있을까? 우리는 이런 문제에 대해 탐색할 필요가 있다.

굳이 역사적 사건까지 가지 않더라도 사회언어학의 연구 소재는 풍부하다. '감-고', '담-고' 등에서 어미 '-고'의 경음화 실현은 연령에 따라 다르다. '맛있다', '멋있다'는 연령에 따라 [마싣따]~[마딛따], [머싣따]~[머딛따]로 달리 발음된다. 60대 이상은 대체로 [마딛따], [머딛따]로 발음하고, 40~50대는 [마싣따]~[마딛따], [머싣따]~[머딛따]를 섞어서 쓴다. 그리고 그 이하의 연령층에서는 [마싣따], [머싣따]가 주로 쓰인다. 이런 변화의 원인은 무엇일까? 그리고 '맛없다', '멋없다'는 왜 [마섭따], [머섭따]로 발음하는 일이 없이 항상 [마덥따], [머덥따]로만 발음하는 것일까?

사회언어학에서는 현재 우리 사회가 안고 있는 새로운 문제에도 관심을 기울여야 한다. 결혼 이주 여성이 늘어나면서 한국도 이제 다인종, 다문화사회로 변화되고 있다. 외국인의 모어가 한국어에 미치는 영향, 그 자녀의 언어습득에 미치는 영향, 자녀의 이중언어 습득 등에 대한 연구가 앞으로 사회언어학의 주요 연구 과제가 될 수 있다.

내가 관심을 가진 언어의 몇 가지 특성을 이야기했지만 이 밖에도 언어는 다양한 특성을 가지고 있다. 언어의 공간성을 내세우면서, 세계 언어들의 지리적 분포를 연구하면서, 그들의 계통과 관계를 연구할 수 있다. 이 분야를 우리는 비교언어학이라 부른다. 한 언어 안에서의 공간적 변이를 초점으로 연구하여 어휘들의 지리적 분포를 연구할 수도 있다. 이 분야를 우리는 언어지리학 혹은 방언지리학이라 부른다. 인간의 심리 속에서 작용하는 언어의 양상과 특성을 연구하는 분야는 심리언어학이 된다. 심리언어학을 포용하면서 더 넓은 관점에서 인간의 마음과 언어의 작용을 연구하는 인지언어학도 거시이론 중의 하나이다.

마무리

위의 말한 내용을 간단히 요약하면 다음과 같다.

- 역사언어학: 언어의 통시적 전개와 발달을 관찰
- 구조언어학: 언어의 공시적 구조와 체계를 분석
- 사회언어학: 언어사용자(언어행위자)의 관점을 결합

여러분은 이제 대학원에 입학했고 학문의 길에 들어섰다. 나는 어떤 목표를 정하여 어느 방향으로 나아갈 것인가? 어떤 방법으로 언어라는 큰 산에 올라갈 것인가? 언어라는 커다란 산이 우리 앞에 놓여 있다. 이 산에 오르는 길은 여러 가지가 있다. 어느 길을 택할 것인가.

가야산을 목표로 정했다면 가야산을 오르는 데 가장 적합한 등산로를 찾아야 하고, 같이 걸어갈 동반자를 찾고, 모르는 길을 가르쳐 줄 안내자를 찾아야 한다. 교수는 안내자이고, 학우는 동반자이다. 공부는 본질적으로 혼자 하는 것이지만 요즘은 시대가 변하여 함께 하는 공부도 매우 중요하다. 팀을 이루어 공부하면 혼자서 갈 수 없는 곳까지 도달할 수 있다. 좋은 안내자와 동반자를 얻어 함께 갈 수 있다면 가장 바람직하다. 그러나 우리가 이런 조건을 두루 갖추는 경우는 극히 드물다. 충분히 좋은 조건을 얻지 못하였다 하더라도 우리는 언어라는 산, 목표한 산에 오르기 시작해야 한다. 가다가 고단하고 힘들 때도 있다. 바윗돌에 막히기도 하고, 길에 박힌 잔돌에 차이기도 한다. 힘겹게 오르다가 물 좋고 바람 좋은 정자에 머물다가 시간 가는 줄 모르고 목표점을 잊어 버릴 수도 있다. 너무 오래 그 분위기에 빠져 있다가 산에 오르는 것을 아예 포기할지도 모른다.

고비를 넘기고 그럭저럭 작은 능선에 올라서면, 자기가 걸어온 길이 어렴풋이 보인다. 힘든 고비를 넘겨 올라선 능선에서 그 성취감에 기쁨의 야호를 소리쳐 보기도 한다. 목표한 산 정상에 다 오르면 내가 올라온 길 전체가 보이고, 다른 코스로 올라오는 길도 보인다. 다른 길로 올라온 사람들을 만나 대화를 나누면서, 서로의 경험을 나눌 수 있다. 내가 직접 보지 못한 노정의 풍경과 그 경험담을 들을 수 있다. 이 또한 행복한 만남이다. 그러나 이런 행복한 만남은 정상에 올랐을 때나 가능한 것이다.

자신의 산을 정하고 길을 찾아 꾸준히 한 걸음 한 걸음 내디뎌 보자. 여러 유혹을 뿌리치고 고단함을 이겨 내면서 끈기 있게 나아가다 보면 드디어 우리는 정상에 올라서게 될 것이다. 느리게, 꾸준히, 그리고 부지런히 한 걸음씩 나아가자.

● 2007. 4. 3. 새벽에 씀. 2008. 4. 3·6·17.에 일부 고침.

제3부

한국어에 새살을 붙이다

고급 수준의 우리말 능력을 갖추자

말 배우기만큼 어려운 것이 또 있을까? 사람이 태어나 배우는 것이 많고도 많지만 그중 가장 큰 과업은 말을 배우는 것이다. 사람이 배우는 말은 크게 두 가지로 나뉜다. 모어 즉 어머니말을 배우는 것과 외국어를 배우는 것이 그것이다. 모어를 배우는 것은 어머니 뱃속에서부터 시작한다. 태아의 귀에 들리는 어머니의 말소리는 몸울림 파동으로 태아에게 전달되어 아기의 두뇌에 언어 경험의 씨앗을 뿌린다. 아기는 태어난 후 옹알이 단계를 거치고 종알거리는 연습을 하며, 발성 기관으로 소리 내는 방법을 배운다. 이어서 '엄마', '아빠' 같은 한 낱말을 배운 후 두 낱말을 이은 구절을 배우고, 다시 문장 단위를 배우는 데로 나아간다. 그리하여 아이는 만 4~5세경이면 모어의 기본적 능력을 거의 다 갖춘다.

이 몇 년 동안의 언어 습득 과정을 보더라도 말 배우기가 얼마나 어려운 것인지 알 수 있다. 모어라 해서 아이들이 그냥 쉽게 배우는 것이 절대 아니다. 수많은 시행착오와 수정과 연습을 통해 자음과 모음, 수많은 낱말과 문장, 미묘한 감정 차이를 문장에 싣는 법을 익히게 된다.

이렇게 어려운 과정을 거치면서 말을 배우는 이유가 무엇일까? 인간은 사회적 동물이고, 사회생활을 하려면 말하는 능력은 필수적이기 때문이다. 말은 인간으로서 생존해 가는 데 꼭 필요하기 때문에 그 고역을 치르면서 배우는 것이다. 말소리를 생산해 낼 수 없는 생리적 장애를 가진 사람들이 수화手話라는 특수 언어를 배우는 것은 의사소통 수단을 가지는 것이 그만큼 중요하기 때문이다.

외국어 배우기는 모어(이하에서 '한국어'라 칭함) 배우기보다 더 어렵다. 영어 배우기가 얼마나 어려운지 한국인들은 잘 안다. 언어 습득기가 지난 후 외국어를 배우기란 참으로 어려운 일이다. 그래도 외국어를 배워야 한다. 외국어를 배우는 이유는 모어인 한국어를 배우는 것과 조금 다르다. '생존'을 위함이라기보다 '생활' 그것도 조금 더 나은 생활 수준을 누릴 기회가 많기 때문에 외국어를 배운다. 그러나 외국으로 이민 간 사람들은 '생존'을 위해 그 나라의 언어를 배운다.

그런데 여기서 잠시 한번 짚어 보자. 어린이가 모어를 자유롭게 구사하는 것은 대부분 10세 이전에 완성된다고 한다. 과연 그럴까? 언어습득 혹은 언어 구사의 수준이라는 것이 천차만별이어서 흔히 '국어'라고 말하는 모어의 경우도 '완전한' 습득이란 말에 어폐가 있다. 단순히 생존 차원에서 봤을 때에는 웬만한 모어 구사 능력을 획득하면 의사소통에 큰 문제가 없다. 그러나 우리의 생활에서는 다양한 수준의 말하기 혹은 글쓰기 능력이 요구된다. 이에 부응하는 국어 능력을 키우려면 우리말도 꾸준히 배워야 한다. 성인이 된 한국 사람들은 국어 공부가 더 이상 필요 없다고 생각하는 사람들이 많다. 그러나 우리는 일상에서 국어를 잘못 사용하는 경우가 아주 흔하다. 국어 사용에서 저지르는 실수는 대수롭지 않게 생각하고, 영어에서 실수하는 것을 부끄럽게 생각하는 것은 심각한 문제이다.

외국어를 한국어로 번역하는 데서도 한국어 실력이 중요하다. 외국어를 남발하는 사람들이 변명하기를 한국어에는 해당 외국어 낱말을 표현하는 적절한 낱말이 없어서 외국어의 그 낱말을 그대로 쓰지 않을 수 없다고 말하는 이도 있다. 그러나 한국어에 그런 낱말이 없는 것이 아니다. 본인의 한국어 어휘 능력이 부족하여 그 낱말을 모르는 것이다.

고급 수준의 한국어 능력을 갖추려면 우리말에 대한 관심을 놓지 말고 수시로 사전을 찾고 마땅한 표현 방법을 찾아서 익혀야 한다. 고급 국어 능력을 구사할 수 있는 사람이 대부분 사회적 신분도 높다. 또 그러한 사람이 지적 능력도 높고 세상을 보는 눈도 밝다. 한국인이라면 한국어로 자기의 생각을 명료하게 표현하여 남에게 전달할 수 있는 능력을 갖추어야 하지 않겠는가.

● 대구일보, 2011. 4. 26.

국어사전부터 찾아보자

글을 읽다가 보면 낱말의 뜻을 잘 모르고 쓴 문장을 흔히 만난다. "발자국 소리에 깜짝 놀라 뒤를 돌아보니…."와 같은 문장에서 '발자국'은 이 문맥에 맞지 않은 낱말이다. '발자국'은 흙이나 눈 따위에 찍힌 발의 모습을 가리키므로 시각적 의미를 가진다. 그러니 발자국에는 '소리'가 있을 리 없다. '발걸음'으로 고쳐야 옳은 표현이다.

아름다운 고유어의 하나인 '조촐하다'는 원래 '아담하고 깨끗하다. 단정하다. 맑고 차분하다'와 같은 뜻을 지닌 낱말이다. 요즈음 들어 이 낱말이 잘못 쓰이고 있다. 어떤 모임에서 주최자가 "저희들이 주머니 사정이 넉넉지 못하여 이와 같이 조촐한 자리를 마련하였으니…"와 같이 말하거나, 초청장의 문구에서 "여러 가지로 부족하지만 조촐한 자리를 마련하고자 하오니 부디 오셔서…"와 같은 표현에서 '조촐하다'를 '대체로 미흡하거나 부족하다'라는 뜻으로 잘못 사용하고 있다. 이 낱말은 대접을 받는 사람이나 하객이 주최 측을 칭찬하는 말로 쓸 수는 있지만 스스로 한 일에다 대고 쓸 말은 아니다. 단정하고 품위가 있다는 뜻을 가진 '조출하다'를 '변변치 못하다', '초라하다'와 같은 뜻으로 낮잡아 쓰고 있으니, 우리말 고유어 하나를 타락의 길로 내몰고 있음이 아닌가. 마찬가지로 '안절부절못하다'로 써야 할 것을 '안절부절하다'로 잘못 쓰기도 한다.

한자 성어의 뜻을 잘못 사용하기도 한다. "그 모임에 가 보니 사람들이 저마다 자기의 주장만 내세우며 중구난방 격으로 떠들어 댔다."와 같은 표현은 한자 성어의 뜻까지 왜곡한 것이다. 중구난방衆口難防은 '여러 사람의 입은 막기가 어렵다' 즉 뭇사람의 의견을 무시하기 어려움을 뜻하는 것이므로 위와 같은 문맥에서 쓰는 것은 옳지 않다.

이러한 잘못은 모두 어디에서 비롯된 것인가. 일상적으로 우리 입에 오르내리는 우리말에 대한 무관심 때문이다. '경사'傾斜라는 한자어는 알아도 '물매'라는 우리말은 모르는 것이 우리의 현실이다. 새 학기를 맞아 중학생이 되는 아이에게, 대학생이 된 아이에게 영어사전만 사 줄 것이 아니라 쓸 만한 국어사전부터 사 주도록 하자. 정치적 구호처럼 되어 버린 '세계화'의 바람이 아무리 거세다 하더라도, 우리가 국어사전은 멀리하고 영어사전만 뒤적여서는 아니 될 일이다.

● 영남일보, 1995. 2.

아재 개그의 부활

아재들이 하는 농담, 달리 말해 나이 든 남성들이 하는 말장난 농담을 요즘 아재 개그라 부른다. 이 말이 나오기 전에는 '썰렁 농담'이나 '썰렁 개그'라 불렀다. 그런데 대부분의 사람들은 이런 농담을 별로 좋아하지 않았다. 대략 8년 전의 연합뉴스 기사(2008년 8월 23일)에 모스크바 AP뉴스를 인용하여, 썰렁 농담을 하는 사람은 주변 사람에게 공격을 당하거나 적대적 반응을 감수해야 한다는 이야기가 소개된 적이 있었다. 여기에 미국 워싱턴 주립대학의 언어학자인 낸시 벨 박사의 실험 결과를 소개해 놓았다. 벨 박사는 주변 사람에게 "큰 굴뚝이 작은 굴뚝에게 뭐라고 말했을까?"라고 묻고는, 그 답으로 "아무 말도 하지 않았지. 굴뚝은 말을 못하니까"라고 말해주는 실험을 207회 실시했다. 그 말을 들은 사람들 중 44%가 말한 사람을 거칠게 공격하거나 화를 냈다고 한다. 화를 낸 이유는 "이따위 농담을 내게 왜 하느냐? 내가 이따위 농담을 듣고 웃을 사람으로 보이느냐?"라고 생각하기 때문이라는 것이다. 이 뉴스 기사 아래 달아 놓은 댓글에서 왈, "그래서 제가 아재 개그를 안 합니다." 썰렁한 농담을 하는 사람은 사회적으로 낙인 찍히기 때문에 스스로 '아재'라 칭한 댓글쟁이가 아재 개그를 안 한다고 자랑해 놓은 것이다.

50대 아비가 어쩌다가 아들과 같이 밥상머리에 앉았다. 서로 묵묵히 밥 먹다가 아들과 말 좀 섞어 보고 싶은 아비가 묻는다. "진수야 니, 음식에 다시다 섞으마 머가 되는지 아나?" 아들 입에서 "다 시다"라는 답이 나올 리 없다. 참지 못한 아비가 스스로 얼른 답을 말해 주고 혼자 낄낄거린다. 썰렁 개그의 진수는 이런 거다.

이렇게 하대받고 적대시되던 썰렁 개그가 요즘 아재 개그로 화려하게 부활하고 있다. 몇몇 텔레비전 방송에서 아재 개그가 웃음 프로의 한 모퉁이를 차지하고 인기몰이를 하는 중이다. 인터넷 검색창에서 '아재 개그'를 치면 요즘 나온 것들이 수두룩하게 뜬다. 이런 식이다.

이미자와 이미자를 더하면? = 사미자
어류 중 유일하게 병역의 의무를 마친 물고기는? = 동원 참치
딸기가 직장을 잃으면? = 딸기시럽
아몬드가 죽으면? = 다이아몬드
세상에서 가장 가난한 왕은? = 최저 임금
사람이 죽지 않는 산맥은? = 안데스 산맥
신부님이 성당에서 하는 일은? = 미사일
살인 사건의 피해자 이름이 싱글이다! 범인의 이름은? = 벙글이
유튜버를 우리말로 바꾸면? = 너튜버

재미나지 않은가? 그런데 이런 말장난 유머는 과거에도 많이 있었다. 전봇대에 앉아 있던 참새들의 대화를 다룬 참새 시리즈, 외딴섬에서 암말과 수말이 살다가 암말이 죽자 수말이 했다는 말(할 말이 없네), 월남전쟁에서 경상도 출신 소대장의 "마카 수구리"라는 명령을 못 알아들어 총 맞고 죽었다는 병사 이야기 등등. 한쪽 구석으로 밀려나 있던 이런 말장난 유머가 다시 부활한 것이다.

'아재'라는 말은 '아저씨'가 널리 쓰이기 전에 경상도뿐 아니라 전국의 공통어였다. 경상도에서 '아재'는 주로 미혼의 삼촌이나 오촌, 칠촌 남성을 부를 때나 가리킬 때 쓴다. 이런 관계를 '아재뻘'이라 부른다. '아재'의 짝말은 '아지매'다. '아재'는 옛말 '아자비'에서, '아지매'는 옛말 '아ᄌᆞ미'에서 변한 말이다. '아자비'가 '아재비'로 바뀐 뒤에 끝음절을 잘라낸 것이 '아재'다. 국어 교과서에 '아저씨'가 실리면서 '아재'는 사투리로 밀려나 외로운 처지가 되었다. '아지매'가 사투리 가수 심재경의 '아지매쏭'에서 푸근하고 구수한 맛으로 부활하더니, 이제 '아재'가 개그를 무대로 웃음 선사 대명사로 부활하였다.

그 이유가 무엇일까? 심각하고 무거운 이야기는 던져두고 가벼운 이야기로 친밀감을 서로 나누고 싶기 때문이다. 7080세대와 386세대를 중심으로 옛 추억을 즐거워하는 복고풍의 사회 분위기도 한몫하는 듯하다. 다행히 요즘 젊은이들도 아재 개그를 제법 좋아하는 것처럼 보인다. 별로라는 듯 퉁을 주면서도 아재 개그가 풍기는 말맛에 씨익 웃는 청년들이 늘어나고 있다. 아재 개그 웹툰 판도 등장하여 재미를 더해 준다. 아재 개그가 젊은 층이 선호하는 매체를 통해 새롭게 변신하며 그 영역을 넓히고 있는 것이다.

우리 사회는 대중가요에서 세대가 분리되었고, 드라마에서도 단절되었다. 여기저기서 세대 간 분열이 매우 심한 것은 한국 사회의 심각한 문제이다. 아재 개그가 끊어지고 멀어진 세대 간 거리를 좁히는 데 조금이나마 도움이 되기를 바랄 뿐이다.

● 대구일보, 2016. 5. 17.

이름말이 가진 힘과 위험성

우리가 일상에서 쓰는 이름말(=명칭어)은 그 힘이 세다. 우리의 생각과 사고방식에 큰 영향을 미치기 때문이다. 1980년 이전에 '보충수업'이라고 부르던 학교 수업이 있었다. 신군부 집권 후 과외가 폐지되면서 고등학교를 중심으로 '야간자율학습'이란 이름말로 학생을 강제로 학교에 붙들어 두고 밤늦게까지 공부시키는 제도가 정착되었다. 요즘은 이 방식이 없어진 곳도 있지만 변형된 형태로 여전히 존속되고 있다. '야간자율학습'에 들어간 '자율'은 학생의 처지에서 보면 거짓말이다. 전혀 자율적이지 않기 때문이다. '자율'이란 거짓의 탈을 쓴 '야간자율학습'이 40년 가까이 계속되었고, '야간강제학습'을 당하면서 자란 청소년들에게 큰 해악을 끼쳤다. '자율'이 전혀 아닌데도 그럴듯하게 포장한 이름말에 묶여 30여 년을 살아온 한국의 젊은 세대들은 "거짓말로 적당히 포장하여 이름말을 붙여도 된다."라는 생각을 스스로 의식하지 못하는 사이에 갖게 되었을 것이다. '자율형사립고'의 '자율'은 놔둬도 과연 괜찮을까?

일상생활에서 자주 쓰는 낱말일수록 그 힘이 세다. 특히 국민 모두가 자주 접하는 이름말은 사려 깊게 지어야 한다. '야간자율학습'이란 이름말은 한국 사회의 신뢰 기반을 좀 먹는 데 작용했을 것이다. 현대 한국 사회가 부닥친 가장 심각한 문제는 신뢰의 붕괴이다. 신뢰는 사회를 지탱하는 밑바탕이다. 신뢰가 무너지면 모든 일이 제대로 굴러가기 어렵다. 신뢰의 붕괴는 대부분 힘 있는 자들의 부정과 부도덕에서 비롯된다. 잘못 지어진 말도 신뢰 붕괴의 원인이 된다.

위나라 왕이 공자를 초빙하여 정사를 맡기려 했을 때 제자 자로가 스승에게 여쭈었다. "스승님은 장차 무엇을 먼저 시행하시렵니까?" 공자가 답했다. "반드시 이름을 바로 잡겠다(正名). 이름이 바르지 않으면 말이 순順하지 못하고, 말이 순하지 않으면 일이 이루어지지 않느니라." 공자는 이름을 바로 세우는 정명이야말로 정치의 가장 중요한 요체로 보았다. '名=이름'을 넓게 말하면 언어이고, 좁게 말하면 '이름말'이다.

정치적 의미가 강한 이름말은 그 힘이 특별하다. 한반도 남쪽에서는 나라 이름을 줄여서 '한국'이라 부르고, 북쪽에서는 '조선'이라 칭한다. 남쪽은 '남한'과 '북한'이란 이름말을 쓰고, 북쪽은 '북조선'과 '남조선'이란 이름말을 쓴다. 양측은 이 점에서 있어서 한 치의 양보도 없다. 그래서 남과 북이 공동으로 편찬하려는 사전의 이름도 '겨레말사전'이라 칭하고 있다. '한국'의 '한韓'은 한강 이남의 삼한三韓에 역사적 뿌리를 둔 것이어서 북쪽이 배제되어 있다. 이에 비해 '조선'은 단군조선에 역사적 뿌리를 둔 것이어서 '한'과 다르다. 나라 이름이 갖는 역사적 의미와 정치적 힘은 크고 무거운 것이어서 '한국 대 조선'의 이름말대립이 어떤 결말을 맺을지 예측하기 어렵다.

우리나라의 사투리 이름말에 대해 생각해 보자. 나는 도 이름이 들어간 '경상방언', '전라방언', '서울방언', '평안방언' 등의 이름말을 쓴다. '경상방언'을 '동남방언', '전라방언'을 '서남방언', 충청·서울·경기를 묶어서 '중부방언', '평안방언'을 '서북방언', '함경방언'을 '동북방언'이라 부르는 학자도 있다. 내가 '경상방언'이나 '평안방언'과 같이 도명이 들어간 이름말을 쓰는 이유는 두 가지다. 하나는 일반인 누구나 이 이름말을 들으면 어느 지역 사투리인지 그 뜻을 바로 알아들을 수 있기 때문이다. '경상방언'이란 이름말은 바로 이해되지만 '동남방언'은 이 방면의 지식을 갖춘 사람이어야 알 수 있다. '서북방언'과 같은 사투리 이름은 30대 이하 보통 젊은이들 대부분이 알아듣지 못한다. 학술용어도 대중적 이해가 높은 것이 더 낫다. 다른 하나의 이유는 방향을 기준으로 붙인 사투리 이름말은 중앙중심의 사고방식이 물씬 풍기기 때문이다. 한국은 지나치게 중앙지향적이다. 지역 말의 특징을 드러내야 하는 사투리까지 '중부'를 중심으로 나머지를 바라보는 이름말을 붙여야 할까?

이름말은 우리의 생각에 크게 작용한다. 명실名實이 서로 맞는 이름말을 붙이고 쓰는 일은 우리 사회의 건강함을 위해 참으로 요긴한 일이다. 정명正名의 깊은 뜻이 여기에 있다.

● 영남일보「우리말과 한국문학」, 2019. 7. 11.

아파트 이름이 왜 이래?

요즘 이상하게 생겨 먹은 아파트 이름이 여기저기 불쑥 솟아오른다. 2010년 이후 최근으로 가까워질수록 더 길고 어려운 아파트 이름이 폭증하고 있다. 대구 시내에 있는 몇몇 이름만 보자. '동대구해모로스퀘어웨스트', '한신더휴이스턴팰리스', '북죽곡엠코타운더솔레뉴', '호반베르디움더클래스', '우방아이유쉘', '삼정그린코아에듀파크', '에코폴리스동화아이위시'. 어휴! 굉장하다. 정말 이상한 이름들이다. 저런 이름이 과연 사람들 입에 실제로 오르내릴까? 영어인지? 스페인어인지? 프랑스어인지? 알쏭달쏭한 낱말을 연결해서 이상하게 만들어 놓았다. '로제비앙'은 프랑스말 같고, '더퍼스트'는 영어임이 분명하다. 이런 기이하고 괴이한 아파트 이름들이 우리의 일상적 삶에 횡행하도록 그냥 방치할 것인가?

왜 이런 이름을 지었지? 우스갯말로 하는, "시어머니가 못 찾게 할라꼬" 지은 것일까? 요즘은 '똑똑한 시어미'들이 많아져 이것도 통하지 않을 텐데. 이런 이름을 짓는 이유는 분명하다. "뭔가 있어 보인다."라는 것이다. 영어식 표현을 쓰면 "뭔가 있어 보인다."라는 생각 때문이다. 그래서 영어 '비스름한' 단어와 소리마디를 갖다 붙인 것이다. '브랜드'는 그럴듯하게 들리고, '상표'는 촌스럽다고 여기는 사람들이 많다. '숍(shop)'이나 '마켓(market)'은 참신하게 느껴지고, '가게'나 '점방'이 들어간 이름은 촌스럽다고 한다. 한국인은 영어 사대주의에 함몰되어 버렸다. 이는 조선의 양반층이 한문 사대주의에 빠진 것과 같다. 그때는 소수였으나 지금은 다수의 대중이 자발적으로 영어 사대주의에 빠졌다. 한국은 미국화를 극단적으로 추구하는 나라가 되었다.

외국어를 섞어 어렵게 만든 아파트 이름은 특히 저학력 노년층을 소외시키는 '배제의 언어'이다. 이분들을 새로운 문맹으로 만드는 '문맹 유발의 언어'로 우리의 일상생활 언어에 불평등과 차별화를 초래한다. 아파트 이름은 우리의 생활에서 가장 많이 쓰는 낱말이다. 택시를 타고 목적지를 말할 때, 아파트 이름을 기준으로 "무슨 동네 무슨 아파트로 갑시다."라고 한다. 길을 물을 때도 아파트 이름을 말한다. 이런 상황에서 노인들은 어떻게 말하고 알아듣나? 젊은이라고 쉬울 리 없다.

국가는 이런 사태가 더 커지지 않도록 조치할 의무가 있다. 국립국어원에서 <공공언어 개선사업>을 펼치고 있다. 공공용어와 정책용어를 다듬는 역할을 수행하고 있다. 개인·단체·기업으로부터 당면한 용어 제정에 관한 질문을 받고 적절한 개선 방안을 제공한다. 국립국어원에서 운영하는 <공공언어 통합지원> 누리집에 들어가 보면 많은 사례가 올라와 있다. 이러한 공공언어 개선사업에 아파트 이름을 포함한 공동주택 이름짓기도 포함해야 한다. 국어원이나 문화부 언어정책과가 나서서 아파트를 짓는 건설회사 연합회까지 포함된 위원회를 만들고, 「공동주택 명칭 제정에 관한 지침」을 마련하기 바란다. 아파트 이름짓기에 관한 기본적 안내 지침을 만들자는 것이다. 이 지침을 만든 후 지방자치단체 의회는 관련 조례를 제정하여 그 시행을 뒷받침하면 가장 바람직하다. 자치단체마다 이런 조례를 만들면, 외국어식 아파트 이름이 줄어들어 생활의 불편함이 줄고, 새로운 문맹자를 만들어 내지 않게 될 것이다.

일상생활의 언어환경은 공동체 삶의 질에 큰 영향을 미친다. 우리말을 잘 살린 아파트 이름은 삶의 질을 높일 수 있다. '장기파랑새'는 장기동의 파랑새아파트임을 금방 알 수 있고 듣기도 좋다. '한빛마을', '영조아름다운나날'도 느낌이 좋다. 매력적인 삶, 건강한 삶을 누릴 수 있음을 표현하는 낱말이 우리말에 얼마든지 있다.

● 영남일보 「우리말과 한국문학」, 2020. 11. 19.

헛제삿밥

지구에서 조상을 가장 잘 받드는 민족은 아마도 우리 한국인일 것이다. 조상을 받드는 방법도 매우 다양하게 발달해 있다. 양지바르고 편안한 자리를 가려 유택을 모시는 일에서 시작하여 삼년상을 치르고 시묘살이를 하는 일, 사당을 지어 위패를 모시는 일, 명절이면 차례를 올리고 기일에는 제사를 지내는 일, 오대 조상부터는 묘사를 지내는 일 등이다. 몇 가지를 제외하고는 모두 지금도 행해지고 있는데 그중의 대표적인 것이 제사를 모시는 일이다.

첫닭이 울 때쯤이면 제사를 지내게 되는데, 이 시간이면 저녁밥을 먹은 지 한참이나 지나 시장기가 돌기 마련이다. 제사를 다 지낸 후 그 음식과 술로 음복을 한다. 상에 올렸던 고사리 나물과 무침 같은 것을 비벼서 먹는 제삿밥은 별미였다. 특히나 먹을 것이 귀했던 60년대나 70년대를 겪은 사람 중에는 하얀 쌀밥의 제삿밥이 그렇게 맛있을 수 없었던 기억을 가진 분들이 제법 많을 것이다.

먹을 것이 흔해진 요즈음, 제삿밥에 대한 아련한 추억을 되살리게

해 주는 것이 근래에 나타난 헛제삿밥이 아닌가 싶다. 얼마 전 계명대 성서 캠퍼스를 지나 성주로 가다가 동곡에서 '배서방네 헛제삿밥'이라고 써 붙인 곳이 있어서 들러 보았다. 시골집 분위기 그대로인 안방에서 탕국과 갖은 찬이 곁들여진 3천 원짜리 헛제삿밥을 나물에 비벼 먹었다. 담백하고 정갈한 그 헛제삿밥에 옛 정취가 있었다.

그 뒤, 혹시나 헛제사라는 것이 실제로 있었던 제사의 한 형식이었던가 싶어 이리저리 찾아보았으나 믿을 만한 결과를 얻지 못했다. 어떤 특정 지역에만 있었던 의례였을지도 모를 일이다. 그러나 헛제사가 실제로 있었다 한들, 내가 먹어본 헛제삿밥과는 다르다. 그 헛제삿밥은 헛제사에 쓰인 밥이 아니라 제상에 올라가 본 적도 없는 밥이다. 우리의 전통 음식 중 의례와 관련된 음식은 드문 편인데, 시중에 등장한 헛제삿밥은 제사상에 오르는 전통 음식을 현대적으로 변형시킨 것이라고 할 만하다.

● 영남일보, 1995. 2.

가르침의 뜻

가르치는 일을 전문으로 하는 사람을 꼽아 보라면 우리는 먼저 학교 선생님을 떠올리게 된다. 이분들의 노고를 기리기 위해 스승의 날을 정하여 기념하고 있다. 그러나 가르침을 베풀고 있는 사람이 학교의 선생님뿐이겠는가. 회사, 관공서 등 사회의 여러 조직에는 가르침을 맡은 사람이 있고 가정에서는 부모가 자식에게 가르침을 베풀고 있다.

가르침은 주로 말을 통해서 이루어진다. '가르치다'라는 낱말은 '갈'(갇)과 '치다'가 합쳐진 말인데 '갈'은 '말'이나 '혀'를 뜻한다. 옛말에 쓰인 'ᄀᆞᆯ오ᄃᆡ'(가로되)나 지금 가끔 들어볼 수 있는 '가라사대'의 'ᄀᆞᆯ'과 '갈'이 바로 '가르치다'의 '갈'과 같은 낱말이다. 고려시대의 낱말을 적은 책 『계림유사』에 혀를 '갈'舌日蝎이라 하였고, 제주방언에서는 말하는 것을 '갇다'라고 한다. 우리말과 족보상 가까운 것으로 보는 몽고말에도 말하는 동사에 '걸'이라는 소리가 들어가 있다. 이런 증거로 볼 때 '가르치다'라는 낱말은 말을 뜻하는 '갈'(또는 '갇')과 양육하다의 뜻을 가진 '치다'養가 합해져서 이루어진 것이 분명하다. 따라서 '가르치다'의 어원은 '말로써 양육하다'라는 뜻이 된다. 어원론에 관해 글을 쓴 어느 국어학자가 '가르치다'의 어원을 '갈라서 치다'라고 분석했으나 옳은 것이 아니다.

생각해 보면 가르치는 일의 거의 모두가 말로 이루어지고 있다. 손재주가 요구되는 여러 가지 기술을 가르치기 위해서도 먼저 말에 의한 설명이 있어야 한다.

그런데 가르치는 일이 어찌 말만으로 다 이루어지겠는가. 자식을 가르치는 부모나 학생을 가르치는 스승은 말뿐 아니라 행동과 실천을 가르침의 바탕으로 삼아야 진정한 가르침을 베풀 수 있다.

● 매일신문 「매일춘추」, 1993.

알맞은 인사말

인사말은 사람 사이의 관계를 부드럽게 해 주는 윤활유와 같다. 서로 아는 사이에 아무 말도 없이 지나치면 오해를 사기 십상이다. 그래서 슬쩍 던지는 말이 '밥 무운나?', '어데 가노(나)?'와 같은 말인데 상대방의 끼니를 걱정해 주거나, 어디 가는지 궁금해서 묻는 말이 아님을 듣는 사람도 잘 안다.

만날 때 쓰는 인사로 두루 통용될 수 있는 말이 '안녕하십니까?'이고, 이 말의 짝으로 헤어질 때 쓰는 것은 '안녕히 계십시오.'이다. 흔히 '수고하십시오.'라는 말을 쓰는 이가 많으나 좋은 인사말이 아니다. 헤어질 때 상대방이 가는 경우에는 '안녕히 가십시오.', '편히 가십시오.' 등 여러 표현이 쓰일 수 있다.

경상도 사람들이 헤어질 때 쓰는 독특한 인사말로 '욕 보이소.'라는 것이 있다. 이 말은 주로 상대방이 어떤 일을 하고 있을 때 쓴다. 다른 지방의 사람에게 이 말을 썼다가는 진짜로 '욕을 볼지도' 모르니 조심할 일이다.

요즈음 영어 인사말을 번역한 '좋은 아침', '반갑습니다.'와 같은 인사말이 쓰이기도 하는데 어색하게 느껴진다. 인사말은 상대방의 안부를 묻거나 안녕을 기원하는 뜻이 담겨 있어야 하므로 이런 인사말은 마음에 착 감겨 오지 않는다. '좋은 아침'은 어떤 느낌도 들어가지 않은 건조한 말이고, '반갑습니다.'는 말하는 사람의 느낌만 표현한 것이므로 적절하지 않다.

우리나라의 전통적인 인사말은 고정된 정형을 가지고 있지 않고, 때에 맞추어 정중한 표현을 가려서 쓰는 것이 좋다고 한다. 때로는 말없이 고개를 숙여 보이거나, 잔잔한 눈웃음이 어색한 인사말보다 더 친근하고 편안히 느껴질 때도 있다.

● 매일신문 「매일춘추」, 1993.

올바른 존댓말

한국어에는 존댓말이 발달되어 있다. 어른은 '진지'를 '잡수시고', 아이들은 '밥'을 '먹는다'. 어른이 마시면 '약주'가 되고, 젊은이가 마시면 그냥 '술'이다. 존댓말을 쓸 때 곤란스러운 일 중 하나는, 자기보다 높은 사람을 그보다 더 높은 사람에게 말하는 경우이다. 아버지에 대한 이야기를 할아버지께 말씀드릴 때 아버지를 낮추어 말한다는 것은 알고 있으나, 직장에서 과장에 대한 이야기를 부장에게 말할 때 어떻게 해야 하는지 모르는 사람이 더러 있다. '부장님, 그 일은 과장님이 하셨습니다.'라고 말하는 것이 옳은 것이다. 손윗사람을 말할 때는 듣는 사람이 누구든지 높임말을 쓰면 틀리는 일은 없다.

나를 남에게 말할 때 가장 알맞은 것은 자신의 이름 석 자를 밝히는 것이다. '홍길동입니다.'라고 하는 것이 알맞다. 남이 불러 주는 자신의 직함을 써서 '홍 선생입니다, 홍 사장입니다, 홍 박사입니다.'와 같이 말하는 것은 시건방지게 들릴 수 있다. 손아랫사람에게 말할 때도 이름만 말하는 것이 원칙이다.

요즈음의 청소년층에서는 말을 끝맺을 때도 '-습니다'는 잘 쓰지 않고 대부분 '-요'를 쓰고 있다. 경망스러워 보이지 않으려면, '-요'는 조심스러운 자리에서 안 쓰는 것이 좋다. 또 어른에게는 명령조의 말을 쓸 수가 없으므로 '할아버지, 앉으세요. 절 받으세요.'와 같은 표현은 예의에 어긋난다. 이럴 때는 말 없이 기다리다가 상황에 맞추어 절을 하는 것이 예의이다. 어른에게 어떤 행동을 요구할 때는 '가시겠습니까?'와 같은 의문 표현을 쓰는 것이 언어 예절에 맞다.

● 매일신문 「매일춘추」, 1993. 6. 28.

장이와 쟁이

현재 통용되고 있는 표준어 규정에 따르면 땜질하는 기술자는 '땜장이'라 해야 하고, 멋을 잘 부리는 사람은 '멋쟁이'라 해야 맞다. 그 이유는 전문적 기술을 가진 장인匠人을 가리키는 말에는 '장이'를 붙여야 하고, 그렇지 않은 나머지 경우에는 '쟁이'를 붙이도록 정했기 때문이다. 패션모델을 직업으로 하는 사람들은 옷으로 멋을 부리는 자신들의 직업적 전문성을 강조하여 '멋장이'라고 해야 한다는 주장을 낼 만하다. 어쨌든 이 규정에 따라 전문 기술을 가진 경우에는 '양복장이, 미장이, 대장장이' 등이 옳고, 기술과는 무관한 것인 '개구쟁이, 욕심쟁이, 욕쟁이, 거짓말쟁이' 등이 올바른 표준말이 된다.

그런데 여기에도 의문점이 남는다. 역술을 직업으로 삼는 사람은 주역을 알아야 하므로 땜장이보다 더 높은 전문성을 갖추어야 한다고 생각되지만, 역술인들은 장이에 들지 못하고 쟁이로 전락해 버려 '점쟁이'가 표준말로 올라가 있다. 글을 쓰는 사람이나 그림 그리는 사람들이 스스로를 낮추어 '글쟁이'나 '환쟁이'라고 부르기도 한다. 그러나

글이나 그림을 만들어 낸다는 점에서 장인匠人이므로 '글장이, 환장이'로 해야 맞지 않을까.

표준어 규정에서는 요술쟁이와 마술쟁이도 그 전문성을 인정받지 못하였다. '장이'나 '쟁이'는 어떤 것을 낮잡아 표현할 때 붙는 말이지만, 전문 기술자가 우대받는 오늘날에는 오히려 '장이'나 '쟁이'라는 꼬리표를 자랑스럽게 생각해야 할 듯하다. 그러나 '쟁이'가 붙은 낱말들을 살펴보면 좋지 않은 뜻을 담고 있는 것이 대부분이다. 우리들은 각자가 하고 있는 일에서 '장이'가 되도록 애써야 하겠다. '장이'에게는 남에게 없는 기술이 요구된다. 어떤 일에서든 '장이'가 되려면 끊임없는 자기 변화를 추구해야 할 것이다.

● 매일신문 「매일춘추」, 1993.

빈 입 씹는 소리

새소리나 물소리를 들으면 마음이 편안해지고 고요해지듯이 우리의 입에서 나오는 말소리도 듣는 사람에게 이로움을 주는 유익한 것이 되어야 한다. 말에는 뜻이 담겨 있다. 진실한 뜻을 담고 있는 말을 가리켜 '마음에서 우러나오는 소리'라 하고, 그렇지 못한 것을 '입에 발린 소리'라고 한다.

우리는 혀와 입술로 말을 하는 것 같지만 조금 더 생각해 보면 혀와 입술은 도구일 뿐이고, 말의 주인은 '마음'임을 금방 알 수 있다. '마음'이 담기지 않고 무의식중에 나오는 말소리를 '잠꼬대' 혹은 '헛소리'라고 부르는데, 우리 조상님들은 이것을 '빈 입 씹는 소리'라고 하였다. '빈 입 씹는 소리'라는 표현이 퍽 재미있다. 빈 입 씹는 소리는 아무 의미가 없고, 참다운 마음에서 우러나오지 않은 말을 뜻한다.

말은 이치에 맞는 참된 것이어야 한다. '그것 말 되네.'라고 할 때와 '그건 말도 안 돼.'라고 할 때, 앞의 것이 도리에 맞는 말을 가리킨다. 도리나 상식에 벗어난 경우를 '말 같지 않다.'라고 하는 것에서도 말은 참된 것이어야 함을 알 수 있다.

요즈음의 뉴스 보도에 이른바 말깨나 하던 사람들이 평생을 살아오면서 쌓아 온 자신의 이름과 인격을 더럽히고 있는 모습이 비치고 있다. 이렇게 스스로를 망친 까닭은 말과 마음이 따로 놀았기 때문일 것이다. 눈을 번히 뜨고도 빈 입 씹는 소리 하듯 살아왔던 것일까.

사람의 말소리는 모든 소리 중에서도 가장 오묘하고 큰 그릇이어서 세상의 모든 일과 우주에 존재하는 모든 사물을 담아낼 수 있다. 그 그릇이 크다고 해서 말에다가 온갖 것을 다 담으려고 욕심낼 일은 아니다. 평범하게 살아가는 우리는 다만 일상생활에서 쓰는 이런저런 말에 스스로의 참된 마음을 담고, 그 마음을 행동으로 비추어 주기만 해도 할 일을 다 한 것이다.

● 매일신문 「매일춘추」, 1993.

자동도박기

요즈음 신문에는 이른바 슬롯머신과 연관된 기사들이 큰 제목으로 연일 등장하고 있다. 몇 사람이 구속되거나 수사에 올라 있고 자살하는 사람이 나오기도 하였다. 언론에서 처음에는 빠찡꼬(파친코)라는 말을 사용하다가 적절하지 않다고 하여 슬롯머신이라는 말이 최근에는 많이 쓰이고 있다.

빠찡꼬라는 말은 일본어인데, 일본의 빠찡꼬는 손잡이를 돌리면 구슬이 굴러 나온다. 구슬이 일정한 구멍에 들어가면 많은 구슬이 쏟아져 나오고, 그 구슬을 돈으로 교환해 주는 놀이이다. 액수의 단위가 낮아 도박성은 없고, 가벼운 놀이로 남녀노소가 즐긴다고 한다. 우리나라의 호텔에 있는 도박 기계와 그 성격이 다르다고 한다. 여기에 빠져 패가 망신에 이르는 일도 없다고 한다. 놀이 방법과 놀이의 기계가 다르니 일본어 빠찡꼬라는 말을 우리나라의 도박 기계에 그대로 쓰는 것은 옳지 않다고 하겠다.

그러나 슬롯머신이라고 바꾼 것은 잘한 처사는 아니다. 슬롯머신은 틈 사이로 동전을 밀어 넣어 물건을 사거나 놀이를 할 수 있는 모든 기계를 통칭한다. 즉 동전을 넣으면 저절로 움직이는 어린이들의 놀이기계, 음료수나 담배 등을 살 수 있는 자동판매기 등이 모두 슬롯머신인 것이다.

빠찡꼬는 일본어라서 안되고, 슬롯머신은 영어이므로 괜찮다고 할 수는 없지 않은가? 최근 들어 자동판매기가 취급하는 품목이 다양해지고 있으며, 자동판매기라는 말도 널리 쓰이고 있다. '자판기'라는 말로 줄여 쓰이기도 한다. 자동판매기라는 말과 호흡이 잘 맞는 '자동도박기'라는 말로 슬롯머신을 대체할 것을 제안해 본다.

● 매일신문 「매일춘추」, 1993.

사람의 이름

법원의 판결에 따라 국민학교 아동들의 이름을 보다 쉽게 바꿀 수 있게 되었다. 이에 따라 지금까지 쓰던 이름을 고치려고 신청한 사람이 크게 늘고 있다고 한다. 여기에 편승하여 이른바 성명철학을 업으로 하는 몇몇 사람들은 이름을 잘 짓는 일이 매우 중요하다고 떠들며 광고 강연회를 열고 다닌다.

전통적으로 우리는, 부르고자 하는 사람의 연령에 따라서 이름에 대한 태도를 달리해 왔다. 유아 사망률이 매우 높았던 예전 사회에서는 갓 태어난 아기의 이름을 천하게 짓는 관습이 있었다. '똥개, 개똥이, 바우' 따위의 이름을 붙였다. 이런 풍습은 왕실에서도 마찬가지였다. 고려 때 예종의 왕자인 인성대군은 그냥 '똥'이라 불리었고, 우리와 비교적 가까운 시대를 산 고종의 아명은 '개똥이'였다고 한다. 이런 이름을 관례를 치르기 전까지 그대로 쓰는 일이 많았다.

그러나 어른 이름에 대한 태도는 아이의 이름에 대한 태도와 정반대이다. 어른의 이름은 아예 입에 담는 것을 금기시하였다. 누군가가 아버지의 이름을 물었을 때 "무슨 자 무슨 자를 쓰십니다."라고 대답하는 것이 예의임을 우리는 잘 알고 있고, 이런 말 습관은 지금도 그대로 행해지고 있다. 우리의 할아버지들은 이름 이외에도 자字나 호號를 가지고 있었다. 이것들은 어른의 이름을 직접 부르지 않으면서 그 어른을 가리키는 이름으로 유용하게 쓰였다. 오늘날도 직위가 높은 사람이나 존경하는 스승의 이름을 함부로 부르지 않는 것이 예의 바른 태도라고 인식되고 있다.

사람 이름에 대한 이러한 생각은 이름을 경외의 대상으로 여기는 관습에 뿌리를 박고 있다. 이름에 대한 우리의 전통적 관습은 이름으로 표상된 한 인간을 중요하게 생각했던 믿음의 소산일 것이다.

● 영남일보, 1995. 2.

이차돈, 강수, 원효의 이름 풀이

이차돈 = 이치도(싫은 이)

신라시대 유명 인사 3인의 이름을 풀이해 보면 6~7세기의 우리말을 캐낼 수 있다. 신라의 불교 수용에 공을 세운 이차돈의 성이 '李'씨인 줄 아는 이가 더러 있다. 한자어로 '異次頓'(이차돈)이라 적기 때문에 이씨가 아님은 금방 알 수 있다. 삼국유사에 이차돈의 성은 박朴씨이고, 이름은 염촉厭髑·이차異次·이처伊處 등으로 불렀다는 기록이 있다. '염'厭은 '밉다~싫다'는 뜻이고, '촉'髑은 '이차돈'에 들어간 ㅊ음을 표기하기 위한 음차자이다. '돈'頓은 '수돌이'나 '복돌이'에 붙은 '돌이'와 비슷한 접미사이며, '-도'로 발음되었을 듯하다. 한자로 적은 '異次'(이차)와 '伊處'(이처)는 동사 '이쳘-'(싫어하다)을 가차 표기한 것이다. '이쳘-'이란 낱말은 15세기 한글 문헌에 '아쳘-'로 나타나 있다. 신라 사람들이 이차돈을 불렀던 발음은 '이쳐도~이치도' 정도가 되고, 그 뜻을 풀면 '싫은이~미운이'가 된다.

신라 사람들은 하늘과 자연을 숭배하는 토착 신앙을 갖고 있었다. 이것을 풍도風道라고 불렀다. 화랑도들이 명산대천을 다니며 수련한 것은 풍도의 실천이었다. 이차돈은 법흥왕을 돕기 위해, 토착 신앙에 반하는 새로운 종교 즉 불교 수용을 주창하였다. 새로운 사상이나 종교를 처음으로 들여오는 사람들은 많은 사람들의 미움을 사기 마련이다. 이차돈 역시 많은 사람들의 증오 대상이었고, 이런 까닭에 당시의 서라벌 사람들은 그를 싫어하여 '이쳐도'(싫은 이)라고 불렀던 것이다.

강수 = 쇠머리~센머리

태종 무열왕이 즉위했을 때(654), 당나라 사자가 황제의 조서를 가지고 신라에 왔다. 조서의 어려운 한문을 아무도 풀이하지 못하니, 왕이 강수를 불러 물었다. 강수가 왕 앞에서 조서의 한문을 다 풀이하여 글의 뜻을 모두 알게 되었다. 왕이 놀라고 기뻐하며 성명을 물으니, 그가 대답하기를 "신은 본래 임나가라 사람이며 이름은 '쇠머리'(牛頭우두)입니다."라고 하였다. 왕이 대답하되, "경은 머리에 높은 뼈가 있으니 강수 선생强首 先生이라 칭함직하다."라고 했다. 이로부터 그의 이름은 '牛頭'(우두)에서 '强首'(강수)로 바뀌었다. '牛頭'를 우리말로 읽으면 '쇠머리'가 된다. '强首'를 우리말로 읽으면 '센머리'가 된다. '쇠머리'와 '센머리'는 발음이 비슷하다. 좋은 뜻의 한자로 바꾸었지만 원래 이름이 가졌던 뜻을 살린 것이다.

원효 = 설

원효대사(617~686)는 한반도가 낳은 가장 위대한 승려이자 탁월한 불교 사상가이다. 元曉(원효)의 이름에 얽힌 이야기를 보면 7세기의 신라말에 쓰였던 '설'(설날의 설)을 찾아낼 수 있다. 삼국유사에 원효의 속성俗姓은 설薛이고, 스스로 원효元曉라 칭했으며, 당시 사람들은 그를 '始旦'(설)이라 불렀다고 했다. 元曉를 [원효]라고 말하지 않고, 고유어인 [설]로 그의 이름을 불렀다는 증언이다. 元曉(원효)란 이름은 '으뜸 새벽' 즉 일 년의 첫날 새벽이란 뜻이다. 설날을 한자어로 '元旦'(원단)이라 한다. '始旦'(시단)에도 '旦'(단)자가 들어 있다. '始'는 처음 시작한다는 뜻이고 '旦'은 아침의 뜻이다. '시작 아침'은 설날을 뜻하는 元旦과 뜻이 같다. 따라서 始旦을 고유어 '설'로 읽은 것이 된다. 일본어의 한자 훈독 방식과 같다. 원효의 속성은 薛(설)이다. 이것은 고유어 '설'을 한자 '薛'로 표기한 것이다. 薛(설), 元曉(원효), 始旦(시단)이란 한자 표기는 모두 고유어 '설'을 적은 것이다. 원효의 아명 '서당'誓幢은 '시단'始旦의 다른 표기일 것이다. 신라 사람들의 이름은 물론 그들이 붙인 땅이름 '달구벌'(대구)이나 '압량'(경산)에도 1500년 전 우리 조상들이 썼던 한국어의 화석이 박혀 있다.

원효는 화쟁의 큰 깨달음을 성취하여 대장경에 들어간 문장을 남겼고, 민중을 위한 보살행을 실천하였다. 강수는 높은 학문을 이룬 후에도 조강지처를 버리지 않은 덕을 가졌다. 그래서 두 분의 이름이 더욱 빛난다.

● 영남일보 「우리말과 한국문학」, 2020. 9. 3.

북한말에서는 왜 '로동당', '랭면'일까?*

-언어적 차별화를 통한 정체성 만들기-

남한사람들이 북한말을 들었을 때, "아! 저 사람, 북한에서 온 사람이네!"라고 판단하는 첫 번째 기준은 그 사람이 구사하는 억양이다. 억양의 특색과 함께 북한말의 가장 두드러진 특징이 바로 '로동당'이나 '랭면'처럼 단어의 첫소리에서 ㄹ(=어두 ㄹ)을 발음하는 것이다. 남한 사람들은 이 발음만 들어도 바로 북한말임을 안다. 남한에서는 이 어두 ㄹ을 ㄴ으로 바꿔 '냉면', '노동당'으로 발음하기 때문에, '랭면'이나 '로동당'과 같은 발음은 청각적으로 뚜렷하게 인지되는 북한말의 특징이다.

북한말은 왜 남한말과 달리 어두 ㄹ을 발음할까? 아주 오래 전부터 그랬을까? 아니다. 이 발음은 1946년 이후부터 규범적 발음으로 공식화되었다. 1946년 8월에 북조선공산당과 조선신민당이 합당하여 탄생한 조선 '로동당'의 명칭이 어두 ㄹ 표기가 공식적으로 사용된 출발점

* 이 글은 안미애 동국대 교수(파라미타칼리지), 홍미주 경북대 강사(국어국문학과), 백두현 경북대 교수(국어국문학과)가 공동으로 발표한 「북한 문화어의 어두 ㄹ, ㄴ 규정을 통해서 본 언어 정체성 구축과 차별화 방식 연구」(<어문론총>76호, 한국문학언어학회, 2018.7.)를 바탕으로 풀어썼다.

이다. 당시 당의 명칭을 '노동당'으로 할 것인지, '로동당'으로 할 것인지 논의하다가 '로동당'이 채택됐다. '조선로동당'으로 결정되면서 신문의 이름도 '로동신문'(1946. 9.)으로 바뀌었다.

해방 직후인 1946년 당시에 북한은 남한과 같은 「한글 마춤법 통일안」(1933)을 공유하고 있었다. 이 통일안 규정에는 어두 ㄹ을 모두 ㄴ으로 발음하도록 한 이른바 두음법칙이 있었다. 그런데 '로동당'과 '로동신문'이 확정되면서 이 규정도 바꿀 필요가 있었다. 이 일에는 북한에서 가장 영향력이 있었던 국어학자 김수경이 나섰다. 김수경은 1947년에 「로동신문」 지면을 통해 「한글 마춤법 통일안」을 비판하면서 어두에 ㄹ(ㄴ포함)을 표기하고 발음하는 것이 옳다고 주장했다.

북한은 1948년에 「조선어 신철자법」을 제정하면서 어두에서 ㄹ과 ㄴ을 살려 쓰는 방향으로 나아갔다. 이에 따라 북한에서는 남한과 달리 '로동'과 '랭면', '녀성'과 '념원'으로 쓰고 발음하도록 규정했다. 1966년 5월 14일에 발표된 김일성의 담화에서는 서울말을 중심으로 한 '표준어'를 버리고, 평양말을 중심으로 한 '문화어'로 "조선어의 민족적 특성을 옳게 살려 나갈 데"를 강조했다. 이 담화는 이른바 '주체사상'과 직결돼 있다. 1970년대부터 전개된 문화어 정책은 남한과 차별화된 북한의 주체성을 확립하는 방편의 하나였다. 남한의 '표준어'와 차별화시키면서, 북한 문화어만의 정체성 드러내기 위해 어두 ㄹ과 ㄴ을 가진 한자음을 '本音'(본음)대로 표기하고 발음하는 규정을 만들었던 것이다. 북한은 남한과 달리 어두의 ㄹ과 ㄴ을 표기하고 발음함으로써 남한과 차별화된 언어 정체성을 확립하고, 나아가 북한 정권의 주체성을 세우려 했다.

언어적 차별화는 글이 아니라 말소리의 차이를 통해 가장 분명하게 달성할 수 있다. 눈으로 읽는 문자보다는 귀에 들리는 말소리가 언어 정체성을 표현하는 가장 효과적인 방법이기 때문이다. 우리는 어떤 사람이 쓰는 말소리를 듣고 출신지를 알 수 있고, 그의 교육 정도나 사회적 지위까지 짐작해 낼 수 있다. 이처럼 말소리는 그 사람의 정체성을 드러내는 가장 뚜렷한 징표이다. 그래서 북한은 어두의 ㄹ과 ㄴ을 글로 표기할 뿐 아니라 발음하는 의무 규정을 두고, 이 규정에 따라 발음하도록 교육과 방송매체를 통해 강력히 실천해 갔다. 이후 50년 이상의 시간이 지난 오늘날의 북한말에서는 어두 ㄹ과 ㄴ의 표기와 발음이 상당한 수준으로 자리 잡게 됐다. 어두에서 ㄹ과 ㄴ을 표기하고 발음하도록 한 북한의 어문규정은 남한말과의 차별성을 확보하면서 북한말의 정체성을 만들어 낸 것이다. 북한의 언어 차별화 정책은 일단 성공한 듯이 보인다.

어두 ㄹ과 ㄴ을 살려 써야 한다는 북한의 주장은 '勞・冷・女' 한자음이 본래 [로,랭,녀]라는 사실을 명분으로 삼았다. 북한은 이 한자들의 발음인 [로,랭,녀]야말로 '올바른 발음', 즉 正音(정음)이라 했다. 이와 비슷한 명분은 조선 후기의 평안도 방언에서 ㄷ>ㅈ, ㅌ>ㅊ과 같은 구개음화 발음을 실현하지 않았던 역사적 사실에서도 찾아볼 수 있다. 조선의 다른 지역에서는 '天地'를 '천지'라고 발음했지만 평안도에서는 '텬디'로 발음해 ㄷ 구개음화를 수용하지 않았다. 평안도 출신으로 벼슬길에 나아간 백경해(1765~1842)는 「我東方言正變說」(아동방언정변설)이란 논설문에서 조선의 七道가 모두 세종이 정한 '바른 음'正音을 벗어났지만 평안도 사람들은 그것을 지켜오고 있음을 강조하며 자부심과 긍지를 강하게 표현했다. 평안도 사람들의 이러한 언어 태도에는 평안도에 대한 정치적 차별(오수창 박사학위 논문 참고)과 이를 극복하려는 집단의식이 깔려 있다. 조선시대 평안도 사람들은 '正音'을 지켜낸다는 명분으로 ㄷ구개음화를 거부해 발음상의 차별화를 만들어 집단적 정체성을 형성했던 것이다.

조선시대 평안방언의 ㄷ구개음화 미실현과 현대 북한어에서의 어두 ㄹ의 실현은 언어적 차별화를 통한 정체성 구축이라는 측면에서 공통성이 뚜렷하다. ㄷ>ㅈ 변화를 거부함으로써 세종이 정한 正音을 지켜냈다는 자부심과 명분을 획득하였다. 이와 같은 방식으로 다른 지역과의 언어적 차별화에 성공하였다. 평안도 사람들의 역사적 경험이 현대 북한에서 새롭게 변용돼 나타난 것이 바로 어두에 ㄹ을 발음하는 '로동당'과 '랭면'에 관한 어문규정이다. 어두 ㄹ을 표기하고 발음하도록 한 북한의 어문규정은 남한의 표준어와 다른, 문화어의 언어적 차별화를 이루어내면서, 북한이 의도한 주체성 세우기 정책에 기여한 것으로 보인다.

● 교수신문, 2018. 7. 16.

지역 브랜드 슬로건, 참 문제가 많소이다!

지방자치제는 현대 한국 사회에 여러 가지 변화를 만들어 냈다. 이 제도로 인해 발생한 부정적 측면이 전혀 없는 것은 아니지만, 전반적으로 볼 때 새로운 삶의 진보를 일구어 냈다고 평가된다. 각 지방자치단체가 자기 지역의 정체성을 뚜렷이 하고, 지역의 역사와 문화 그리고 자연환경의 우월성을 강화하려는 지방정부의 정책도 긍정적 변화 중의 하나이다. 이런 정책 중의 하나가 지역 브랜드 슬로건의 제정이다. 2000년 이후 전국의 지방자치단체들은 경쟁적으로 지역의 브랜드 슬로건을 만들었다.

그런데 문제는 지역의 브랜드 슬로건이 지역의 특성을 드러내면서 미래의 전망을 담아내는 것이 극히 드물다는 것이다. 서울시가 2002년도에 아주 엉뚱한 방향의 영문 브랜드 'Hi Seoul'을 짓고 나서, 이를 본받은 것인지 기이한 영문 브랜드 슬로건이 쏟아져 나왔다. 경남지역을 보면 'Good Morning Jinhae'(진해), 'Rising Sacheon'(사천), 'Active Yangsan'(양산), 'Blue City Geoje'(거제) 등 영문 슬로건이 수두룩하다.

경북에서도 'Beautiful Gyeongju'(경주), 'Central Gimcheon'(김천), 'Just Sangju'(상주), 'Running Mungyeong'(문경), 'GO GO Goryeong'(고령) 등 일일이 들 수 없을 정도로 영문으로 만들어 놓았다.

'Feel GyeongNam'(경남), 'Pride GyeongBuk'(경북)과 같은 슬로건이 지역 주민의 공감을 얼마나 얻을 수 있을까를 생각하면 아득한 느낌이 든다. 'Colorful Daegu'(대구)는 섬유 산업과 문화 다양성을 염두에 두고 지은 듯하지만, 대구의 특성과 거리가 있어서 시민의 공감대 형성이 매우 어려울 듯하다.

비교적 최근(2009년 8월)에 제정된 상주시의 지역 브랜드 슬로건은 'Just Sangju'이다. 이 브랜드가 무슨 의미인지 지역 주민의 이해와 외국인의 공감을 얻어 낼 수 있을까. 이 표현이 상주의 특성이나 미래 비전과 무슨 관계가 있을까? 경남 밀양시의 'Mirpia Miryang'은 영어에 없는 낱말을 만들어 냈다. '용'을 뜻하는 우리말 '미르'에 'utopia'(이상향)의 'pia'를 떼어 합친 것이라 한다. 이 뜻을 아는 밀양 시민도 적을 터이고 외국인에게는 너무나 생소한 표현이다.

2009년 10월에 제정한 구미시의 지역 브랜드 슬로건은 'Yes Gumi'(구미)인데 'Yes Uiwang'(의왕)과 차이가 없으며, 이 둘은 모두 도쿄의 'Yes Tokyo'와 너무 닮았다. 울산시의 'Ulsan For You'와 김해시의 'Gimhae For you'도 서로 같은 것이어서 아무런 지역적 특색을 보여 주지 못한다.

2009년 1월에 제정한 영천의 슬로건은 'STAR YeongCheon'(영천)이다. 보현산 천문대를 염두에 두고 지은 듯하지만 영천과 별은 연결이 잘 안된다. 고령군의 'GO GO Goryeong'은 두운頭韻을 살려 기발하게 느껴지지만 뭔가 가벼워 보인다.

과연 이 영문 브랜드는 누구를 위해 만든 것일까? 영문 슬로건을 만드는 이유는 세계화 시대에 대비하고 외국인에게 홍보하고 관광객을 유치하는 데 있다고 말한다. 그러나 문제는 이 영문 슬로건을 해당 지역 주민 대부분은 물론이고 영어를 모어로 쓰는 외국인조차 이해하지 못한다는 점이다. 2009년 10월 9일에 서울 MBC 방송국에서 인천국제공항에 지역 브랜드 슬로건의 패널을 전시해 놓고 입국하는 외국인에게 그 뜻을 물어보는 장면을 방송한 적이 있다. 대부분의 내·외국인 입국자들은 영문으로 표현된 지역의 브랜드 슬로건을 전혀 이해하지 못했다. 영어답지 못한 이상한 '영어'였음이 드러났다.

그러나 지역 브랜드 슬로건들이 모두 다 이상한 영문으로 표현된 것은 아니다. 전라북도는 '천년의 비상, 전라북도'이고, 전주는 '한바탕 전주, 세계를 비빈다'이다. '의정부, 행복특별시'도 있다. 구례시는 '자연으로 가는 길'이라 짓고, 영문으로 'Road to Nature, Gurye'라고 별도 표기하였다. 청송군은 '자연을 노래하다, 청송'이라는 우리말로 지었다. 지역 주민이나 외국인도 쉽게 인지할 수 있는 것들이다.

지역 브랜드 슬로건 중 가장 잘 지었다고 평가받은 것은 남해군의 '사랑해요 보물섬'이다. 2007년에 실시한 여론조사(신문, 인터넷 사용자 등을 대상으로 함)에서 지자체 브랜드 가운데 46%라는 최고의 득표로 남해군의 브랜드가 선정되었다. '보물섬'이란 낱말을 통해서 남해군의 지역적 특성을 드러내는 동시에 미래의 비전을 담아내었다. 아름다우면서도 평범한 우리 한국어를 사용했다는 점이 남해군의 브랜드를 더욱 돋보이게 한다.

이제 우리는 되돌아볼 시점이 되었다. 우리 지역의 브랜드 슬로건이 과연 어느 정도 지역의 문화와 역사성, 자연환경을 반영하고 있는가? 또 그 지역의 발전과 희망이라는 미래의 비전을 담아내고 있는가? 지역 주민들이 기존의 브랜드 슬로건을 어느 정도 체감하면서 자긍심을 갖고 있을까?

지역 주민과 따로 노는 브랜드라면 결코 다른 지역 주민과 외국인에게도 호소력을 가질 수 없다. 처음부터 잘못 지은 브랜드에다 무언가 계속 그럴듯한 의미를 부여하여 포장하려 하지만 이렇게 만든 브랜드가 성공할 리 없다. 지금이라도 늦지 않았다. 지역 주민에게도 공감대를 얻지 못하고 외국인에게도 호소력이 없는 이상한 브랜드를 과감히 버리고, 진짜 괜찮은 우리 지역의 상표를 만들어 보자.

● 대구일보, 2010. 8. 2.

제4부

경상도 사투리를 맛나게 하다

사투리는 우리 문화의 보물창고다

사투리를 흔히 지방의 시골 마을에서 노인들이나 쓰는 말이라고 생각하지만, 이것은 사투리에 대한 매우 좁은 생각이다. 누구나 일상생활에서 쓰는 말이자 생활 속의 우리말이 바로 사투리다. 생활어가 곧 사투리인 것이다. 표준어란 공공적 목적을 위해, 사투리 간의 차이를 없앤, 추상화되고 단일화된 것이다. 그래서 우리 한국어의 속살을 풍부하게 담아내지 못한다. 표준어만으로는 우리의 정서를 살뜰하고 온전하게 표현하기 어렵다. 사투리는 일상생활에서 어느 지역에서나 누구나 편하고 쉽게 쓰는 생활어인 것이다.

사투리는 우리 한국어의 문화와 역사, 한국인의 정서가 담겨 있는 보물창고다. 표준어를 지나치게 강조하고 사투리를 무시하면 다양하고 풍부한 생활 속의 한국어를 모두 죽이게 될 것이다.

세계에서 우리나라만큼 표준어를 중시하는 국어 정책을 펴는 나라도 드물다. 수십 년 동안 이런 정책이 시행된 탓에 표준어가 교양 있는 서울 사람들이 쓰는 말이라는 의식이 뇌리에 박히게 되어, 결과적으로 사투리를 홀대하는 국민의식이 팽배해졌다. 이것은 앞으로 우리말이 풍부하고 다양하게 발전하는 데 큰 장애가 될 것이다. 과도하게 강조된 표준어 의식과 표준어 교육 때문에 스스로 우리말의 풍부한 자원을 상실해 가고 있는 것이다.

학교 교육과 방송 등 대중매체의 보급 등이 어우러지면서 지방 고유의 사투리는 급속도로 위축되어 버렸다. 특히 제주도 사투리는 소멸의 마지막 단계에 와 있다. 지금의 노년층이 떠나면 제주도 사투리가 사라질 것이 불 보듯 뻔하다. 이런 상황은 제주도 사람들과 제주도의 발전을 위해서도 결코 바람직한 것이 아니다. 이런 현실이 제주도에 국한된 것이 아니라, 정도의 차이는 있지만 다른 방언도 비슷한 처지일 것이다.

내가 『국수는 밀가루로 만들고 국시는 밀가리로 맹근다』를 간행한 것은 이러한 사투리에 대한 국민의 의식을 변화시키고 그 속에 담겨 있는 소중한 것을 찾아 세상에 알려야겠다는 생각에서였다. 사투리의 가치와 진정한 의미가 어디에 있는가를 널리 알리고 싶었다.

사투리에 대한 나의 관심은 내가 쓰는 말이 바로 사투리이기 때문에 자연스럽게 생겨났다. 경상도 성주 고을의 연산 마을에서 태어나 자라면서 어머니로부터 그곳의 사투리를 그대로 배웠다. 사람은 누구나 자기가 쓰는 말에 관심과 흥미를 갖고 있기 마련이다. 어렸을 때 어머니로부터 여러 번 들었던 '말뜩다'라는 말이 세종대왕 시절의 『석보상절』에 'ᄆᆞᆺᄃᆞᆰᄒᆞ다'로 나오고, 이것이 현대어에서 '마뜩지 않다'로 연결되는 것을 발견했을 때 경이로움을 느꼈다. 또 동네 할아버지 입에서 튀어나오던 '그르매'(그림자)는 현재까지 조사된 어느 방언사전에도 올라가 있지 않은 낱말로, 『두시언해』 초간본에서만 잠시 보일 뿐이다. 이런 희귀어가 방언 속에 살아 있음을 발견하면서 방언 연구의 가치를 재확인하였다.

주변의 지인이나 모르는 사람이 나에게 전화를 걸어 사투리를 묻기도 한다. 가령 "포항에서 쓰는 '오졸없다'(혹은 '오질없다')라는 말이 도대체 무엇입니까?", "대구 사람들은 '계추'라는 단어를 많이 쓰는데 이게 어디서 온 말입니까?" 등의 질문에 대해 답하고 풀이하다 보면 사투리가 지닌 깊은 역사성과 그 가치를 더욱 실감하게 된다.

우리말에서 사투리가 아닌데도 사투리로 잘못 알려진 낱말을 발견할 때도 있었다. '부산 사람들의 성격은 아싸리하다.'라는 표현이 있다. '아싸리'가 경상도 사투리인 것으로 아는 사람들이 많다. <표준국어대사전>에도 '아싸리'를 표제어로 싣고, '차라리'의 비속어라고 풀이하고 있다. 이는 명백한 잘못이다. 옛 한글 문헌 어디에도 '아싸리'와 연결될 만한 말이 없다. 일본어 あっさり를 차용한 낱말이다.

내가 사투리 연구를 위해 본격적으로 현지조사를 시작한 때는 1981년이었다. 금릉군(현재의 김천시) 감천면의 농촌 마을에서 어느 할배와 할매의 말을 조사한 것이 처음이었다. 그 후 학생들과 여름방학 때 현장조사를 하거나 방언학 수업의 일부로 현장조사를 하는 방법 등을 통해 방언 자료를 모으곤 했다.

사투리를 반영한 옛 문헌도 적지 않게 찾아보았다. 예컨대 18세기 때 유의양이라는 분이 남해도로 귀양 가서 지은 『남해문견록』에는 당시의 남해 방언 어휘들이 실려 있다. 16세기 후기에 영주 희방사에서 간행한 『칠대만법』에는 '가시나'(딸아이), '통시'(변소)와 같은 방언형이 실려 있다. 18세기 초기에 예천의 용문사에서 간행한 『염불보권문』에는 당시의 보통 사람들이 일상생활에서 쓴 발음형도 표기되어 있다. 이런 문헌은 사투리는 물론 우리말의 역사적 연구에 좋은 자료가 된다. 필자는 이런 종류의 한글 문헌 수십 개를 분석해 본 적도 있다.

그러나 무엇보다 중요한 자료는 지금의 일상생활에서 듣는 사투리들이다. 주변에 계신 어르신들의 말에 귀를 기울이다가 흥미로운 표현을 들으면 적바림해 두곤 하였다. 주변의 친지들이나 어르신의 말씀들이 모두 공부 자료가 된 셈이다. 그리고 이미 간행된 방언사전들과 <21세기 세종계획> 사업의 결과로 나온 <한민족언어정보화 통합 검색 프로그램>이 사투리 연구에 큰 도움이 되었다. 특히 <한민족언어정보화 통합 검색 프로그램>은 눈 깜짝할 사이에 전국의 방언을 한 눈에 파악할 수 있는 매우 유용한 도구이다.

국어학자들이 사투리를 연구한 학술서가 적지 않게 간행되었다. 지역별 방언사전도 간행되었을 뿐만 아니라, 방언의 말소리, 어휘, 문법 등을 깊이 있게 연구한 학술 논저들이 축적되어 있다. 그러나 일반인들이 알고 싶어 하는 것은 대부분 자기가 쓰고 있는 사투리 속의 특이한 낱말들이다. 가령 다른 지역에서는 안 쓰이는 특이한 낱말들이 왜 자기네 사투리에 있는지, 그런 낱말은 어디에서 왔는지를 궁금해한다. 『국수는 밀가루로 만들고 국시는 밀가리로 맹근다』는 그런 궁금증을 조금이나마 풀어 주고자 만든 책이다.

책의 제목에서 드러나듯이 이 책은 경상도 사투리에서 쓰이는 특이

한 낱말과 표현을 중심으로 그 어원과 용법 그리고 역사적 연원을 풀이한 책이다. 각각의 낱말들이 쓰이는 상황을 제시하고, 그것들이 쓰이는 살아 있는 의미를 느낄 수 있도록 내용을 구성하고 문장을 다듬었다. 아울러 지역 주민의 일상생활 속에서 이 낱말들이 가지는 정서적 가치를 이해할 수 있도록 설명하는 방식으로 각 편의 내용을 구성했다. 그리고 쉬운 문장으로 된 짤막한 글을 기본으로 하고 내용과 연관된 사진을 넣음으로써 독자에게 친숙히 다가가고자 했다. 개별 낱말을 차례대로 설명하기는 했으나, 구성이 자유로워 아무 쪽이나 펼쳐서 가벼운 마음으로 읽어 나갈 수 있는 책이다.

책 끝머리에 있는 '왜 사투리가 뜨는가'는 언어 시평時評의 관점에서 사투리에 대한 대중적 관심을 분석한 글이다. 우리말을 연구한 학술서는 많지만, 대중 교양서는 부족한 우리의 현실에서 이 책은 나름의 역할을 할 수 있다고 생각한다. 무엇보다도, 표준어에 대한 지나친 집착을 털어 내고, 사투리에 대한 객관적이고 바람직한 인식을 확산시키는 데 이 책이 기여했으면 하는 바람이다.

● 『국수는 밀가루로 만들고 국시는 밀가리로 맹근다』 서문, 2008. 6.

문화가 담긴 사투리 이야기

경상도 사투리 속에는 이곳에서 살아온 사람들의 생활이 담겨 있다. 이들이 일구어 온 생활 문화와 일상의 정서가 녹아 있다. 이에 대한 이바구를 몇 가지 해 볼까 한다. 방금 '이바구'라 했다. '이바구'는 경상도에서 주로 쓰이는 사투리인데 '입'과 '아구'[口]가 결합한 합성어이다. 입에서 나오는 이야기이니 '이바구'라 한 것이다. '아구'는 입이 큰 바닷생선 '아구'의 이름이기도 하다. '아구찜' 그거 먹기야 약간 거북하지만 맛은 있다. '동네 어귀'라 할 때의 '어귀'는 '아구'의 사촌이다. '이바구'의 뜻을 알았으니 '이약'의 맛이 더 있을 터.

생김새가 지저분하고 아주 고약스러운 사람을 우스개로 놀릴 때, "이! 귀신 떡다리 같은 늠아"라 쏘아 붙인다. '떡다리'나 '떡달이'는 경상도에서 쓰이지만 현재까지 간행된 어떤 국어사전에도 찾을 수 없다. 그러나 필자는 '귀신 떡다리 겉은 늠'이란 말을 많이 들어 보았고, 지금도 노인들은 이 표현을 쓰고 있다. 이 '떡다리'가 어디서 온 말일까? '떡다리'는 하회 별신굿 탈놀이(주요 무형문화재 69호)에 등장하는 인물의 이름이다. 그 생김새가 아주 흉측하고 못생긴 모양의 탈을 쓰고 있다.

아쉽게도 이 탈의 실물이 전해지지 않아 본디 형상을 정확히 알 수 없다. 경북 봉화군 소천면에 행해진 탈놀이에도 '떡다리' 탈이 나온다. 경상도 사람들의 일상어에서 '떡다리'가 많이 쓰인 것으로 보아 떡다리가 등장하는 탈춤이 안동 하회나 봉화에 국한되었던 것은 아닌 듯하다. 떡다리 할배와 할매는 고달프게 살아온 민초들의 삶을 상징하는 인물이다. 우리 조상들의 놀이문화였던 탈춤과 연결되어 '떡다리'라는 낱말이 방언 속에서 아직도 살아 있는 것이다. 이는 떡다리를 소재로 한 민중 설화가 탈춤 속에 수용된 결과로 짐작된다.

'나부대다'는 경상방언에서도 많이 쓰이지만 다른 방언에도 널리 있는 공통어이다. 이것은 아주 토속적 낱말이지만 요즈음 젊은 세대들이 잘 모르는 경향이 있다. 이 낱말은 '얌전히 있지 못하고 철없이 촐랑거리다'라는 뜻이다. 이것이 짧아진 '나대다'도 쓰인다. '나부대다'의 구성은 '나부-대다'로 분석된다. '나부'가 무엇일까? 이 낱말은 베틀의 부분 명칭으로 있는 '나부대'와 연관 지을 수 있다. '나부대'는 베틀의 부속품으로, 잉앗대를 끌어올렸다 내렸다 하는 대이며, 베를 짤 때 촐랑거리며 이리저리 바삐 움직인다. '나부대-대다'의 결합에서 동음 생략으로 '나부대다'가 생성된 것으로 짐작된다. 베를 직접 짜서 의복 생활을 해결했던 전통사회에서 베틀은 집집마다 있는 기계였고, 베 짜기는 생활의 일부였다. 그 속에서 영위된 삶의 경험을 반영한 말이 '나부대다'인 것이다. 지금은 그 기원도 모르고 쓰고 있지만, 이런 낱말에는 생활문화의 경험이 파문처럼 새겨져 있다.

'뜬금없다'는 또 어떤가! '뜬금없다'는 주로 전라방언이나 충청방언에서 널리 쓰였던 것인데 소설 등 문학작품 속에 등장하면서 널리 알려진 낱말이다. '뜬금없다'는 비교적 최근에 만들어진 <표준국어대사전>(국립국어원)에만 나오고 다른 사전에는 표제어로 올라가 있지 않다. '뜬금없다'의 '뜬금'이 무엇일까? 장터에서 소와 같은 덩치 큰 놈을 흥정할 때 그 값을 은근히 띄워 본다. '뜬금'은 은근 슬쩍 띄워 본 가격이란 뜻이다. '금'은 가격을 뜻하는 말이다. "오새 소끔'(소ㅅ금)이 헹핀 엄따카데"라는 말을 지금도 촌로들에게서 들어볼 수 있다. 따라서 '뜬금없다'는 '먼저 값도 띄워 보지 않다'는 뜻이 된다. 아무 예고도 없이 갑작스레 어떤 말을 꺼내거나 할 때 '뜬금없다'를 쓴다. 이러고 보니 '뜬금없다'에 전통사회의 거래 문화가 용해되어 있음을 알 수 있다.

'계모임'을 뜻하는 '계추'도 그렇다. '계추'는 경상방언에서 주로 쓴다. 타 지역 사람들은 '계추'라 하면 잘 모른다. '계추'는 한자어 '계취'契聚에서 변한 말이다. '계취'契聚의 '취'聚는 '모일 취'이다. '계추'를 시골 노인들은 '히추'라고도 하는데 이는 '회취'會聚가 변한 말이다. '회취'會聚의 두 한자는 모두 '모이다'는 뜻이다. 이런 낱말들은 경상방언 특유의 한자어이다. 조선시대 향촌 사회에서는 향약을 정하여 풍속을 안정시키고 재난을 만나면 서로 돕는 풍습이 있었다. 영남의 사림들이 특히 이런 활동에 힘을 써서 지역민의 생활 안정을 도모했다. 이러한 풍속이 언어에 투영되어 '계추'나 '히추'와 같은 낱말이 지역 방언에 생성된 것이다.

사투리 속에 용해된 문화 지층도를 그려 내고, 그것이 함축한 의미를 밝혀냄으로써 한국 문화의 심층을 이해할 수 있다.

● 경북대 신문 「영남문화산책」, 2008. 11. 10.

경상도 말의 보수성과 진보성

경상도 사람들을 보수적이라고 흔히 말한다. 경상도 사람들이 보수적이라 할 때, 여기에는 유교적 전통이 다른 지역에 비해 강하게 잔존되어 있는 점과 결부되어 은연 중에 부정적 평가가 내포되어 있다. 일반적으로 진보와 보수는 상호 견제하면서 역사 발전의 두 기둥으로 작용하는 경우가 많다. 사회의 건강성을 유지하기 위해서는 진보와 보수가 절묘한 균형을 이루고 있는 것이 바람직하다. 진보는 이 사회를 앞으로 나아가게 하는 힘이고, 보수는 이 사회의 안정성을 유지시키는 뚝심이다. 어떤 사회 체제와 문화 전통을 유지해 나가는 힘은 기본적으로 보수적 성향에 바탕을 두고, 사회 변화와 새로운 발전은 진보적 태도에 의해 추동된다. 진보와 보수는 살아 있는 존재를 굴러가게 하는 본질적 두 측면이어서 어느 하나가 다른 하나를 부정해 버리는 관계가 아니다.

언어도 인간과 함께 살아가는 존재로서 진보성과 보수성을 공유하고 있다. 한국어의 일부인 경상방언도 이 두 측면을 다 갖고 있다. 경상방언의 보수적 요소는 고저 악센트가 있다는 점, '더버라'(더워라), '나사서'(나아서) 등의 발음에 고어형이 유지된 점 등을 들 수 있다. 경상방언에 나타난 진보성의 대표적인 예는 단모음의 수가 6개밖에 안 된다는 점이다. ㅏ, ㅗ, ㅜ, ㅣ라는 네 개 단모음은 타 방언과 같으나, 경상방언에서는 ㅔ와 ㅐ가 합류되어 하나로 되었고, ㅓ와 ㅡ도 구별이 안 되어 모두 6개가 된 것이다. 경상방언의 여섯 개 모음 체계는 일반언어학적 관점에서 볼 때 가장 안정적이고 균형 잡힌 것이다.

방언의 진보성은 새로운 낱말을 만드는 데에서 잘 나타난다. 그중의 하나가 '낭창하다'이다. '낭창하다'는 경상도 대구 지역을 중심으로 쓰이고 있다. 이 낱말은 대체로 90년대 초부터 쓰인 듯하다. 그러니 생겨난 지 15년 정도 되는 신조 방언인 셈이다. 90년대 초의 대학생들이 이 말을 쓰는 것을 많이 들어 보았다. 요즘은 나이 든 사람도 이 낱말을 더러 쓴다. 서울 사람이나 타 지역 사람들이 처음 대구에 와서 이 낱말을 들으면 알아듣지 못한다. 여러 번 들어도 그 정확한 뜻을 파악하기가 쉽지 않은 낱말이 '낭창하다'이다. 이 낱말의 뜻은 '뭔가 속엣것을 감추며 내숭 떠는 행동거지나 태도가 있다.'라는 뜻으로 쓰이거나, '할 일을 제대로 하지 않고 늘어져 있다.'라는 또 다른 의미로 쓰이기도 한다. <표준국어대사전>에 등재된 '낭창하다'(朗暢-), '낭창하다'(걸음걸이가 비틀거리거나 허둥대어 안정되지 아니하다), '낭창낭창-하다'와는 뜻 차이가 커서 서로 견주어 보기 어렵다. 뭔가 숨기며 내숭떠는 태도가 있음을 뜻하는 '낭창하다'는 경상도 특유의 신조 방언인 셈이다.

경상방언에서 만들어진 또 하나의 신조 어휘로 '뻔치'를 들 수 있다.

'뻰치'는 국어사전은 물론 방언자료집에도 전혀 나오지 않는 말이다. '펀치'(주먹)의 일본식 발음인 '뻰치'는 신조 방언 '뻰치'와 발음이 비슷하지만 음절의 고저가 다르고 그 뜻도 전혀 달라서 같은 낱말로 볼 수 없다. 경상도 사람들은 다음과 같은 식으로 이 낱말을 쓴다.

"걸마 그거, 뻰치는 디기 조터라."

그런데 이 '뻰치'는 옛 문헌에도 보이지 않는다. 이 낱말은 아마도 20세기 후기에 대구 주변이나 경상도권에서 생겨난 것으로 보인다. 타 지역 사람들에게 물어보면 이 낱말을 전혀 모른다. 이 '뻰치'는 '뻰뻰스럽다'의 어근 '뻰뻰'에서 '뻰'을 따고 여기에 접미사 '-치'를 붙여 만들어 낸 경상도판 신조 방언이다. '-치'는 '눈치', '코치'에 쓰이는 접미사이다.

그리고 '뻘쭘하다'라는 신조 방언이 여러 지역 방언에서 널리 쓰이고 있다. '뻘쭘하다'는 '틈이 벌어지다', '분위기에 어울리지 못하고 어색한 태도가 있다'라는 뜻을 가진 새로운 방언 어휘이다. 이 낱말은 젊은 층에서 주로 쓰이며 여러 지방에서 널리 쓰인다. '뻘쭘하다'는 어디에서 온 것인가? 표준어에 '버름하다'라는 단어가 있다. '버름하다'는 '마음이 서로 맞지 않다' 혹은 '물건의 틈이 조금 벌어지다'라는 뜻이다. 이 '버름하다'의 사투리로 '벌쯤하다'(새우리말 큰사전)가 있다. '벌쯤하다'가 다시 변하여 '뻘쭘하다'가 된 것이다. 이처럼 방언은 인간의 정서와 사회 변화를 담은 새로운 낱말을 계속 만들어 내면서 진보의 선두에 서기도 한다.

● 경북대 신문 「영남문화산책」, 2008. 4. 14.

경상도 사람들의 언어 습관

한국어의 여러 방언에는 지역마다 독특한 언어 표현이 있다. 예컨대, '고맙다'라는 뜻을 상대방에게 전달할 때 쓰는 말이 방언에 따라 다르다. 먹을 것 귀한 시절에 자기 먹을 것도 넉넉지 않은 이웃이 음식을 노나주었을 때, 경상도 사람은 "아이고 미안시럽구로! 이거 고마바서 우짜노."라 했을 법하다. 함경도 사람은 "아심채이오! 아슴채이꾸마!"라고 말했고, 전라도 사람은 "아심찬이! 아심찬이!"라는 말을 쓴다.

이처럼 일상생활의 감정 표현은 물론 말하는 습관이나 말하는 태도에서도 지방 특유의 것이 있다. 경상방언에 나타난 이 지역 사람들의 언어 습관 혹은 언어적 태도 몇 가지를 알아보자.

조선시대의 전통적 유풍이 남아 있어서 그런지, 경상도 사람들은 과묵하고 말수가 적은 성향이 있다. 예로부터 말 많은 사람을 경계하였다. "말 많은 집은 장맛도 쓰다.", "세 치 혀 밑에 도끼 들었다."와 같은 속담은 말 많은 태도를 경계하기 위한 것이다. 경상도 남자가 퇴근하여 아내에게 말하는 세 마디는? "밥 도오", "아아는?", "자자"가 그 답이다.

우스개로 하는 이바구지만 경상도 사람의 언어 습관을 잘 드러낸 것이다. 이것은 입을 조심하고 말을 많이 하지 말라고 어릴 때부터 계속 교육받아 온 결과일지 모르겠다.

또 하나, 경상도 사람들은 말을 할 때 입을 크게 벌리지 않는 경향이 있다. 입을 크게 벌리고 야단스럽게 말하는 것은 못 배워 먹은 사람들이나 하는 짓이라고 가르쳐 왔다. 발음에서 입을 적게 벌린다는 것은 노력 경제의 원칙으로 보면 에너지 소모가 적으니 좋을 법도 하다. 그러나 입을 적게 벌리면 모음들 간의 구별이 잘 안 되는 결과가 생겨난다. 모음은 입을 벌리는 정도에 따라 구별되기 때문이다. ㅣ는 입을 적게 벌리고, ㅔ는 중간 정도로, ㅐ는 제법 많이 벌리는 것이 발음상의 특징이다. ㅡ, ㅓ, ㅏ의 입 벌림도 이와 평행적이다. 세 단계 입 벌림의 정도가 그대로 지켜져야 ㅔ:ㅐ 그리고 ㅡ:ㅓ의 변별이 유지된다. 그런데 경상도 사람들은 이 세 단계를 두 단계로 줄여 버렸다. 그래서 경상도 방언에서는 이미 20세기 초기에 ㅔ:ㅐ의 구별은 물론 ㅡ:ㅓ의 구별이 없어져 버렸다. 그런데 최근의 젊은 세대에서는 전국적으로 ㅔ:ㅐ의 구별이 없어져 가고 있다. 입 벌림의 정도를 줄이는 발음상의 노력 경제 원칙이 전국화된 것이다.

경상도 사람들은 낱말이나 구절의 길이를 짧게 줄여 버리는 언어 습관을 가지고 있다. 그래서 "가가 가가가?"(그 아이 성이 가씨냐?)와 같은 재미있는 경상도 방언이 생성된 것이다. 다음과 같은 말도 단축해서 말하는 습관이 낳은 것이다. "와이카노?"(왜 이렇게 하느냐?), "이칼라카나?"(이렇게 하려고 하느냐?). 이렇게 팍팍 줄여 버린 예는 낱말에도 많다.

‘까늘라’(갓난아이), ‘일마, 글마, 절마’(이놈의 아이, 그놈의 아이, 저놈의 아이) 등등. 이처럼 짧게 만들어 발음하는 것은 노력 경제 원칙에도 아주 잘 부합된다. 경상도 사람들, 이래저래 말하는 데 게으르다.

경상방언 화자들은 직설적 말하기를 즐겨한다. 에둘러 말하는 데 익숙하지 않다. 사실 이 점은 한국인에게서 널리 관찰되지만 경상도 방언에서 좀 더 심한 듯하다. 경상도 방언에서 쓰이는 직설적 표현의 전형적 예는 “댔나?”, “댔다!”와 같은 표현이다. 의기투합하면 이와 같은 단 두 마디 말로 ‘일’이 끝난다. 그러나 서로 뜻이 어긋나서 “고마 치아뿌라.”라는 말이 튀어나오면 ‘이야기 끝’이다. 화끈해서 좋다고 하는 사람도 있으나 이런 말 습관은 장점보다 약점으로 작용할 가능성이 높다. 이런 식의 말 태도로는 개인 간의 원만한 인간관계를 만들기가 쉽지 않다. 나아가 협상의 명수나 타협과 조정 능력이 뛰어난 정치가가 나오기는 더 어렵다.

경상도 방언 속에는 한자에서 기원한 것이 타 방언보다 더 많다. 다른 방언에서는 ‘계모임’이라 하는 것을 이곳에서는 ‘계추’라 한다. 이는 한자어 ‘계취’契聚에서 온 것이다. 함양에서 만난 어느 노인은 ‘겨울’을 ‘시안’이라 말했다. 알고 보니 ‘시안’은 한자어 ‘세한’歲寒이 변한 발음이었다. 대구 사람들이 많이 쓰는 ‘시껍했다’도 ‘식겁’食怯에서 온 것이다. 사전에도 없는 ‘동추’洞聚(동네 계추), ‘반태’班態(양반 태), ‘히추’會聚(모임)과 같은 단어들을 경상도의 노인들이 써 왔다.

경상도 사람들의 언어 습관 다섯 가지에 대해 알아봤다. 이런 언어 습관들은 결국 경상도 사람들의 기질 혹은 품성을 만드는 데 작용했을 것이다. 사람이 언어를 만들었지만, 언어가 다시 사람을 만들기 때문이다. 한국어가 한국인을 만들고, 경상도 말은 경상도 사람을 만든다.

● 경북대 신문 「영남문화산책」, 2009. 4. 16.

대구 지역 '생활어'의 특성

"얄마! 니가 자꾸 그케싸이 절마가 우숩게 본다 아이가."
"내가 머 우쨌다꼬 시아는 나만 머러카노!"

대구 토박이가 주고받음직한 말을 잠깐 적어 보았다.

우리는 흔히 사투리(혹은 '방언')을 '표준어'의 반대어라 생각한다. 이것은 잘못된 생각이다. 사투리는 일상생활에서 쓰이는 생활어다. 공식적 자리에서 격식을 갖추어 표준적인 발음과 어휘를 사용하는 말이 표준어이다. 따라서 표준어의 반대어는 '생활어'라 함이 옳다. 서울말을 표준어라 생각하는 것도 오해이다. 현재의 표준어 규정이 서울말을 기반으로 하고 있지만 서울말 자체는 아니다. 서울의 보통 사람들은 일상어에서 서울 사투리를 쓴다. 그런데 서울 사람들은 그네들이 일상생활에서 쓰는 말을 사투리가 아니라고 생각한다. 이 또한 잘못된 생각이다. 여러 지방의 사투리들은 공통적 요소를 공유하고 있기 때문에 전국의 한국어 화자들은 서로 큰 어려움 없이 의사소통을 할 수 있다. 이런 공통적 요소의 집합체를 우리는 '공통어'라 한다. 우리나라처럼 특정 지역어[서울말]을 중심으로 표준어 규정을 성문화하고 이것을 국가적 언어 정책으로 강조하는 나라는 극히 드물다. 우리는 사투리를 '생활어'의 개념으로 받아들여 일상생활에서는 사투리를 쓰고, 공공적 성격이 강한 자리에서 '표준어적' 한국어를 쓰면 된다. 사투리를 생활어로 사용하고 발전시키는 것이 한국어의 밑바탕 언어 자원을 풍부하게 만들어 갈 수 있는 길이다.

대구 사투리의 전반적 특징 몇 가지를 들어 보면 다음과 같다.

첫째, 대구 사투리는 여러 측면에서 보수성을 지니고 있다. 대구 사투리에는 높낮이(고저 악센트)가 있다. '말'(고조, 타는 말, 馬), '말'(저조, 계량 단위, 斗), '말'(장조, 사람의 말, 言)을 높낮이와 장단으로 구별해 낸다. 이것은 세종대왕 당시에 '방점'으로 표기된 고저 악센트가 남은 결과이다. 의문법에서도 대구 사람들은 "니 어데 가나?"와 "니 어데 가노?"를 각각 다른 의미로 쓴다. 이런 의문법도 세종대왕 당시에 존재했었다. 어휘에도 고어형이 많다. '지렁'(간장), '쏘박'(속, 고어 '솝'에서 온 말), '정지'(부엌) 등이 그 예다. 대구 사투리에만 쓰이는 특유의 한자어도 있다. '계추'는 다른 지역 사람들이 모르는 낱말인데, '계취'契聚에서 변한 말이다. '계모임'은 이 한자어의 뒷자를 우리말로 바꾼 것이다. '시껍했다'의 '시껍'도 '식겁'食怯에서 온 것이다.

둘째, 대구 사투리는 보수성뿐 아니라 혁신성도 지닌다. 대구 사투리가 가진 혁신성 중 대표적인 것은 단모음의 수가 전국 방언 중 가장 적은, 6개라는 점이다. 표준어의 단모음 'ㅣ, ㅓ, ㅡ, ㅐ, ㅔ, ㅏ, ㅗ, ㅜ' 중 ㅐ와 ㅔ의 구별이 없어지고, ㅓ와 ㅡ의 구별도 없어져 6개가 되었다. 모음에서 일어난 이 혁신은 20세기 초에 이미 완성되었는데 전국 방언 중 가장 빠르다. 요즘은 서울이나 충청도 등에서도 젊은 세대들은 ㅔ:ㅐ를 구별하지 못한다. 대구 사투리를 가장 대구말답게 만든 혁신은 음절이 긴 어형을 짧게 줄이는 발음 습관이다. "니 차말로 이칼라 카나?"에 쓰인 '이칼라 카나'는 '이렇게 하려고 하느냐'를 줄인 말이다. 경상도의 어린 학생들은 선생님을 부를 때 종종 '샘예' 혹은 '쌤예'라고 한다. 이 '샘'은 '선생님'의 줄임말이다. 첫 음절 '선'의 'ㅅ'을 따고, 둘째 음절 '생'의 모음 'ㅐ'를 따고, 셋째 음절 '님'의 받침 'ㅁ'를 따서 결합한 것이 '샘'이다. 우리말에서 이런 식으로 어형을 단축하여 만들어 낸 신조어는 찾아보기 힘들다. 이렇게 만들어진 '쌤'은 이미 전국 여러 방언권의 학생층으로 확산되어 널리 쓰이고 있다. '얼라'(=알라)는 '어린+아'가 준말이고, '까널라'는 '갓난+얼라'가 준말이다. 이렇게 과격하게 팍팍 줄여서 말하는 버릇은 왜 생겨난 것일까?

● 경북대 신문 「영남문화산책」, 2007. 3. 13.

경상도 사람들이 만든 사투리 신어

낭창하다

방언의 진보성은 새로 만들어진 낱말에서도 잘 나타난다. 그중의 하나가 '낭창하다'이다. '낭창하다'는 경상도 대구 지역을 중심으로 쓰이고 있다. 이 낱말은 대체로 90년대 초부터 쓰인 듯하다. 생겨난 지 15년 정도 되는 신조 방언인 셈이다.

90년대 초의 대학생들이 이 말을 쓰는 것을 많이 들어 보았다. 요즘은 나이 든 사람도 이 낱말을 더러 쓴다. 서울 사람이나 다른 지역 사람들이 처음 대구에 와서 이 낱말을 들으면 그 뜻을 얼른 알아채지 못한다. 여러 번 들어도 그 정확한 뜻을 파악하기가 쉽지 않은 낱말이 '낭창하다'이다.

'낭창하다'와 관련하여 <표준국어대사전>에는 다음과 같은 낱말들이 실려 있다.

- 낭창하다(朗暢하다): 성격 따위가 밝고 명랑하여 구김살이 없다.
- 낭창하다: 걸음걸이가 비틀거리거나 허둥대어 안정되지 아니하다.
- 낭창낭창-하다: 가늘고 긴 막대기나 줄 따위가 조금 탄력 있게 자꾸 흔들리다.(낭창낭창하게 이리저리 흔들리는 갈대)

그런데 경상도에서는 이 낱말을 다음과 같은 뜻으로 쓴다.

- 뭔가 속엣것을 감추며 내숭 떠는 행동거지나 태도가 있다.
- 느릿느릿 여유를 부리며 할 일을 제대로 하지 않고 늘어져 있다.

현대 경상도의 신조 방언 '낭창하다'는 사전에 실린 '낭창하다'와 그 뜻이 아주 다르다. 뭔가 숨기며 내숭 떠는 태도가 있는 모습을 가리킨다. 그리고 약간의 게으름을 부리며 늘어져 있는 사람을 약간 나무라는 느낌으로 말할 때는 두 번째 뜻으로 쓴다.

아재와 아지매

표준어 '아저씨'의 옛말은 '아ᄌᆞ비'이고 표준어 '아주머니'의 옛말은 '아ᄌᆞ미'이다. '아ᄌᆞ비'가 변한 말이 '아재비'이고 이것의 준말이 '아재'이다. '아ᄌᆞ미'의 변한 말이 '아자미'이고 경상방언 '아지매'가 되었다. 예전의 한국일보 만화에 '왈순아지매'가 있어서 '아지매'는 널리 익숙한 낱말이다. 표준어 '아저씨'는 족보 없고, 유래 없는 낱말이다. 이것이

어쩌다가 교과서에 실리고 표준어로 책정되면서 유서 깊은 '아재'를 사어화시켰다.

'아재'와 '아지매'는 경상도뿐 아니라 전국 여러 곳에서 널리 쓰는 말이다. 정겹고 다정한 어감을 준다. 방언은 일상에서 쓰는 생활어이다. 생활어에서 이런 말을 널리 쓰는 것이 낫지 않을까? 생활어와 표준어는 구별하자. 공공적 자리에서 표준어를 쓰고 일상에서 쓰는 말은 생활어를 쓰자. '표준어'와 '방언'은 서로 대립되는 용어가 아니다. 표준어는 공식어에 가깝다. 여기에 짝이 되는 낱말은 '생활어'이다.

엉개 난다/엉갯증 난다

지긋지긋하게도 싫은 일이나 사람에 대하여 혐오하는 느낌을 강하게 표현할 때 경상도에서는 '엉개 난다' 혹은 '엉갯증 난다'라고 한다.

> "글마 말은 내 앞에서 꺼내지도 마래이. 글마 이름만 들어도 엉개 난데이."

'엉개'를 '응기'로 발음하여 '응기 난다' 혹은 '응깃증 난다'로 말하기도 한다. '응개'는 그 뒤에 항상 동사 '난다'가 연속되어 일종의 관용구처럼 사용된다.

이렇게 쓰이는 '엉개'가 무엇일까? 50만 개가 넘는 낱말이 실린 『표준국어대사전』에도 이 낱말은 없다. 이 문제를 풀려고 이리저리 책을 뒤졌다. '엉깨'라는 낱말이 『우리말큰사전』에 실려 있었다. 이 사전에 '엉깨'의 뜻은 '안간힘'과 같은 것이라고 하였다. '안간힘'은 '불평이나 괴로움, 울화 따위가 있어 속으로 참으려 하되 저절로 자꾸 나오는 간힘'이라 풀이되어 있다. 또 '간힘'은 '내쉬는 숨을 참으면서 고통을 이기려고 애쓰는 힘'이라 설명되어 있다. '간힘'은 동사 '가-'의 관형형 '간'에 '힘'이 결합한 것으로 '가는 힘'(힘이 쓰이는 것)이란 뜻이다.

그러나 '엉개 난다'의 '엉개'가 '안간힘'의 뜻과 같다고 볼 수 없다. '엉개'는 '불평이나 괴로움, 울화 따위로 인하여 터져 나오는 기운'이라는 뜻으로 볼 수 있으나 '안간힘을 쓴다'의 '안간힘'의 뜻과 거리가 멀다. '안간힘'은 '쓰는' 것이고, '응개'는 '나는' 것이어서 뒤에 이어지는 낱말의 결합 관계도 다르다. '엉개 난다'는 경상도말에 존재하는 독특한 감정 표현구임을 알 수 있다.

오감하다, 오감해

별로 내세울 것도 없으면서 맞선만 보면 번번이 퇴짜를 놓는 아들에게 어머니가 말한다.

"야, 이 눔아. 그 색시 니한테는 오감타, 오감해. 니는 머어 잘 났다꼬 그 카노?"

"아이구! 어무이요. 그 카지 마이소. 사람이 딜꼬 댕길 만해야지. 얼굴이가 그래 가 대겠습디꺼?"

"얼굴 잘난 거, 다 지 꼴깝한데이. 매앰씨가 중요한 기라."

노총각 주제에 얼굴 찾고 있는 아들의 말대답이 어머니에게는 답답하고 한심스럽다. "오감타(오감하다), 오감해". '오감타'는 '오감하다'의 준말인데 약간 비아냥거리면서 듣는 이의 태도를 질책하는 뜻이 담겨 있다. 이 말은 경상도와 전라도 등 남부 방언에 주로 쓰인다.

국어사전에 '오감하다'는 없지만, '오감스럽다'(말과 행동이 너무 고마운 데가 있다)는 있다. 복에 넘친다는 뜻을 가진 '오감하다'와 어쩐지 비슷하다. 사람은 제 분수에 맞게 처신해야 한다는 가르침이 '오감타'라는 말에 숨어 있다.

포시랍다

'포시랍다'는 경상도에서 널리 쓰이는 말이다. '뽀시랍다'로도 발음한다. 이 낱말에 대응하는 표준어는 '포실하다'이다. '포실하다'는 '살림이나 물건 따위가 넉넉하고 여유가 있다.'라는 뜻이다. 또 '몸에 살이 적당히 붙어 통통하고 부드럽다.'라는 뜻으로 쓰이기도 한다. '풍부하고 여유 있다.'라는 뜻으로 해석하면 여러 경우에 잘 들어맞는다. '눈이 포실하게 내린다.', '어머니와 함께 있으면 마음이 포실해진다.'라는 문장에서 그러한 뜻을 읽을 수 있다. '포실'飽實(배부르고 실하다)에서 온 한자어인 듯하다.

● 2008. 9. 8.

"돈내기로 노나 조야 지지굼 일을 빨리 해 낸다."

필자는 60년대에 '국민학교'를 다녔다. 하루 수업을 마친 후에는 매일 분단 별로 돌아가며 교실 청소를 하였다. 한 열 명 내외의 학생이 한 분단을 이루었다. 이 학생들이 함께 힘을 모아 교실 청소를 한다. 책걸상을 하나씩 교실 뒤편으로 다 물려 놓고 교실의 나무 마룻바닥을 쓸고 닦는다. 가끔은 초를 문질러 나무 마루를 반질반질하게 만드는 일도 했다. 그런데 한 열 명이 이 일을 하면 그중에는 부지런히 책걸상을 옮기고, 바닥을 닦고 하는 동무가 있는가 하면, 바깥으로 빙빙 돌며 게으름을 피우는 아이도 반드시 있었다. 그러다가 선생님이 돌아보러 오시기라도 하면 게으름을 피우다가도 재빨리 몸을 놀리며 열심히 하는 척하는 아이가 있기 마련이다. 그래서 꾀가 있는 분단장은 개인별로 할 일을 나누어 주었다. 각자의 몫을 나누어 주면 책임 소재가 분명해지기 때문이다. 그러나 교실 청소란 것이 사람별로 똑 떨어지게 나누어지는 일이 아니다. 그래서 몇 사람을 묶어서 조별로 일을 나누는 방법이 쓰이기도 했다.

농사일도 그렇다. 일꾼 여러 명을 사서 모내기를 하거나 밭매기를 할 때 각자 해야 할 일을 할당해 주면 일이 빠르다. 밭고랑 수를 헤아려 한 사람씩 골고루 나누어 주고, 각자가 책임지고 그것을 다 매게 하는 방식이다. 이런 방식으로 일하는 것을 '돈내기'라고 한다.

그런데 <표준국어대사전>에서 '돈내기'를 찾아보면, 두 개의 낱말이 표제어로 실려 있다. 하나는 '돈'의 발음을 길게 하는 [toːnnɛgi(돈:내기)]이고, 또 하나는 '돈'을 짧고 높게 발음하는 [tonnɛgi(돈내기)]이다. '돈'을 길게 발음하여, '돈:내기'라 하면, 그 뜻이 '돈을 걸고 하는 내기' 즉 도박賭博의 뜻이 된다. 후자와 같이 '돈'을 짧고 높게 발음하는 '돈내기'는 '개인별로 작업량을 할당하여 일하는 방식'을 뜻한다.

요즘의 건설업에서 하도급 업체에 일을 분담시키는 방식도 이 '돈내기' 방식의 현대판이라 할 수 있다. 아파트를 지을 때 여러 전문 건설 업체를 참여시켜 기초 공사, 골조 공사, 전기 공사, 내장 공사 등을 나누어 한다. 공사 소요 비용과 이익금은 각 업체별로 지불되고, 날짜에 맞추어 작업을 완성해야 된다.

오징어잡이 철이 되면 동해의 밤바다는 오징어 채낚이 배로 온 바다가 환하다. 이 배들이 새벽에 들어오면, 이들이 잡아 온 오징어는 경매에 부쳐진다. 상자에 담긴 오징어는 배를 따서 내장을 꺼내는 작업을 해야 한다. 이런 작업 현장에서는 항시 돈내기 방식이 적용된다. 한 상자에 스무 마리씩 오징어 배를 따는 일에는 정해진 금액이 있다. 이 금액대로 작업한 양을 헤아려 임금을 지급하는 것이다.

필자 주변의 지인들 중 서울이나 충청도, 전라도 지역 사람들은 후자의 뜻으로 '돈내기'를 쓴다는 것을 모르고 있었다. 그런데 경상도에서는 '돈내기'를 후자의 뜻으로 특별히 많이 쓴다. 짐작건대 <표준국어대사전>에 실린 '돈내기02(후자의 뜻)'는 경상방언의 낱말이 확산되어 사전에까지 실린 것이 아닌가 한다.

하나의 일을 하는 데 할당량을 나누지 않고 여러 사람에게 시켜 놓으면 능률이 오르지 않는다. 그래서 일을 나누어 각자 책임지고 자기 몫을 하도록 돈내기 방식이 생긴 것이다. 그러나 돈내기 방식으로 일을 나눌 수 없는 경우도 적지 않다. 한 팀이 힘을 합쳐서 일을 할 수밖에 없는 일도 많다. 그래서 만들어진 '두레'라는 공동체는 공동체의 삶을 꾸리는 데 익숙했던 우리 조상님들의 또 다른 지혜였다.

● 2008. 10.

경북 방언 경연대회에 담긴 뜻

이제 한더위가 물러가고 가을 기운이 느껴지는 계절이 되었습니다. 올해도 큰 기상 재해가 없어서 농사를 비롯한 지역 주민의 생업이 무던히도 잘 영글어 가고 있습니다. 따가운 햇살을 받아 경상도 곳곳의 너른 들판이 황금빛으로 익어 가고, 경북 능금은 그 단맛을 더해 가고 있습니다. 이 좋은 시절에 2009년 경북 민속문화의 해를 기념하는 경북 방언 경연대회를 함께 하게 되어 기쁘게 생각합니다.

경상도의 지세를 보면 백두대간이 남으로 내달리다가 태백산에서 서쪽으로 뻗어 소백산을 만들고, 소백산에서 속리산으로 이어지면서 험준한 산맥이 이루어져 경상도와 충청도 사이에 병풍을 친 것처럼 되었습니다. 다시 속리산에서 덕유산, 덕유산에서 지리산으로 이어지는 산맥은 경상도와 전라도를 경계 지으면서 동서를 가로막는 병풍 구실을 했습니다. 경상도의 이러한 지세가 경상도 특유의 언어와 문화를 만들어 냈습니다.

요즘은 교통과 방송 통신의 발달로 지리적 장벽이 허물어졌습니다.

이에 따라 생활은 편리해졌지만 특유의 경상도 방언이 사라져 가고 있습니다. 방언이 사라지면 그 속에 담긴 문화도 없어져 버립니다. 이런 시점에서 경북 방언 경연대회가 열리는 것은 그 의미가 크다고 생각합니다.

경상도 사투리 속에는 이곳에서 살아온 사람들의 지혜가 담겨 있습니다. 우리가 일구어 온 생활 문화와 일상의 정서가 녹아 있습니다. 예를 하나 들어보겠습니다. 생김새가 지저분하고 아주 고약스러운 사람을 우스개로 놀릴 때, 경상도 사람들은 "이! 귀신 떡다리 거튼 눔아"라고 말합니다. '떡다리'는 경상도에서 쓰이고 있지만 현재까지 간행된 어떤 국어사전에도 찾을 수 없습니다. '떡다리'는 하회 별신굿 탈놀이에 등장하는 인물의 이름입니다. 우리 조상들의 놀이문화였던 탈춤과 연결되어 '떡다리'라는 낱말이 방언 속에서 아직도 살아 있는 것입니다.

경북 방언은 국어를 살찌게 하는 밑거름입니다. 이 대회를 계기로 하여, 우리 방언의 중요성을 잘 인식하고, 방언을 생활어로 아껴 쓰는 마음이 널리 퍼져 나가기를 간절히 바랍니다. 이렇게 의미 있는 대회에 참가해 주신 출연자 여러분, 그리고 이 자리에 참석하여 격려해 주신 내빈과 귀한 손님들께 깊은 감사의 말씀을 드립니다.

● 경북 방언대회 인사말(경주 보문단지), 2009. 9. 12.

옛 한글 문헌 속의 경상도 말

영남지방은 문헌의 보고이다. 조선시대의 여러 지방 감영에서 각종 문헌을 간행했는데, 경상감영이 타 지역 감영보다 압도적으로 많은 책을 간행했다. 이 문헌들은 대부분 한문으로 된 것이지만 사서삼경 언해본도 있었다. 한글 반포 직후에 한글 문헌은 서울에서만 간행되었다. 지방에서 최초로 간행된 한글 문헌은 1500년에 가야산 봉서사에서 간행한 『목우자수심결』이다. 이 책은 보조국사 지눌이 승려들에게 수행법을 가르치고자 지은 것이며, 초간본은 간경도감에서 간행되었다(1467). 이어서 경상도 감사 김안국이 『이륜행실도』, 『잠서언해』, 『경민편언해』, 『정속언해』, 『농서언해』 등을 한글로 간행하였다. 특히 『정속언해』는 초간본이 전해지는 것으로 '언해'(한글 번역)라는 이름을 처음 달고 나온 책이다. 그 후 한글 번역서의 책 이름에는 대부분 '언해'라는 꼬리표가 붙게 된다. 최초의 지방 간행 한글 판본이 경상도에서 나왔고, '언해'라는 이름을 단 한글 판본이 이 지역에서 처음으로 간행된 것이다.

학가산 광흥사에서는 『월인석보』 권21을 1542년에 간행하였고, 풍기 희방사에서는 훈민정음 언해가 붙어 있는 『월인석보』 권1, 권2를 1568년에 간행했고, 『칠대만법』을 1569년에 간행하였다.

특기할 만한 것은 1704년에 예천 용문사에서 간행한 『염불보권문』이다. 이 책은 일반 서민들에게 불교를 포교하기 위해 승려 명연이 여러 경전의 염불에 관한 글을 간추려 언해・간행한 것이다. 이 책이 나오자 전국 여러 지방의 사찰에서 각 지방의 방언을 고려하여 문장과 어휘를 고쳐 중간판을 간행했다. 그리하여 전라도 선운사, 황해도 흥률사, 평안도 용문사, 팔공산 동화사, 합천 해인사 등에서 간행한 한글판 『염불보권문』이 대중에게 배포되었다. 이런 불교 서적은 한글 보급에 크게 기여했다.

20세기 초에 이르기까지 간행된 한글 문헌의 수는 서울을 제외하면 경상도 지역의 것이 가장 많다. 경상도에서 나온 한글 문헌에는 당시에 쓴 경상도 사람들의 언어와 생활 문화가 녹아들어 있다. 『남해문견록』은 18세기에 유의양이 남해도에서 귀양살이할 때 그곳의 언어와 풍습을 기록한 것이다. 이 책에는 오늘날 경상방언으로 쓰이는 '저그'(저희), '너그'(너희), '가시나'(딸애), '올체' 혹은 '올키'(올케), '묵어라'(먹어라), '함부래'(절대로), '돌라'(달라), '팽팽 걸어라'(빨리 걸어라), '빼뿌쟁이'(질경이), '그러기'(기러기), '삐가리'(병아리), '칭이'(키), '강낭수수'(강냉이, 옥수수), '작지'(지팡이), '거싱이'(지렁이), '다리비'(다리미) 등이 적혀 있다. 이런 문헌을 통해서 우리는 지역 방언의 역사적 유구성을 확인할 수 있다.

해인사판 『염불보권문』은 밀양에 사는 현씨 부인의 뜻을 받들어 간행한 것이다. 이 책 끝에 현씨 부인의 행적이 당시의 사투리로 적혀 있다. '현씨'를 '션씨'로 적거나 '숨믈일곱', '부쳬임' 등이 그런 예이다. 한편, 최근 해인사 불상을 조사하던 중 불복장 유물로 의복이 나왔는데 그 의복에 "현시 갯동 현증 복슈"(玄氏 갯동 顯證 福壽-필자)라는 붉은 글씨가 쓰여 있었다. 현씨의 발원문이 붙어 있는 『염불보권문』 목판본을 새길 때 이 옷을 불복장로 안치했던 듯하다. 한글 문헌의 기록과 상응하는 의복의 주인공이 나타남으로써, 우리는 18세기 후기를 살았던 한 여인의 소망과 함께 당시의 언어를 엿볼 수 있게 됐다.

● 경북대 신문 「영남문화산책」, 2007. 11. 20.

제5부

한글 문화유산을 갈고 다듬다

왜 옛것을 연구하는가

'국학'國學이란 명칭의 학문은 19세기에 중국과 일본에서 만들어진 것이다. 기독교와 과학으로 무장한 서구 문명의 거센 충격을 받고, 서양 학문 즉 '양학'洋學에 대응하여 자기 나라 고유의 언어와 문학, 사상과 전통을 연구하는 학문을 '국학'이라 칭하였다. 이 용어는 일본에서 먼저 만들어져 한국에 수입되었다.

우리나라에서 국학은 한국의 어문, 역사, 사상, 예술 등 민족문화 전반을 포괄하는 학문을 의미한다. 국학은 인문학에 속한다. 오늘날 세계화의 물결이 드세지만, 인문학은 지역성 및 시간적 특정성에 근거를 두고 보편적 가치를 추구하는 경향을 보인다. 특정한 지역성과 특정의 시간성에 뿌리를 두지 않은 인문학은 자칫 공리공담으로 흐르기 쉽다. 이런 점에서 국학은 학문적 실체성이 분명하다.

현재를 살아가는 오늘의 시점에서 과거의 문화유산을 연구하여 미래 가치를 창조하는 온고지신溫故知新의 학문이 국학이다. 그리하여 국학은 기본적으로 과거의 문화유산, 즉 고전적古典籍과 유물, 옛 풍습과 전통 등을 연구 대상으로 삼는 고학古學의 성격을 띤다. 이 중에서 가장 중요한 것은 고전적, 즉 옛 문헌 자료이다. 흔히 문사철文史哲이라 부르는 인문학은 고전古典 연구를 기본으로 한다. 고전에는 이른바 '명고전'名古典이 있고, 평범한 옛 문헌 자료도 있다. 저명한 사상가나 문필가의 저술이면서 보편적 가치를 인정받은 문헌이 명고전이다. 위대한 종교 지도자, 사상가, 문필가의 저술이 명고전이다. 그러나 국학에서는 명고전이 아닌 평범한 고전적古典籍 자료도 중요한 연구 대상으로 삼는다.

국학은 왜 위대한 학자나 사상가와 무관한 평범한 고전적을 연구하는가? 옛사람들이 사사로운 일상을 기록했던 편지, 일상생활의 크고 작은 각종 계약, 분쟁 등을 기록한 고문서 따위를 왜 연구하는가? 케케묵은 먼지를 뒤집어 쓴 문서나 전적을 연구하여 무엇에 쓰려 하는가? 국학에 대한 이러한 질문 혹은 회의적 생각은 국학 연구 당사자는 물론 일반인도 가질 수 있다.

국학자는 이 질문에 답해야 한다. 경제적 효율성과 실용적 효용성을 가장 중요한 가치 기준으로 삼는 현대 사회(그것이 산업사회이든 지식정보사회이든 마찬가지이다.)에서 빛바랜 고문헌을 뒤지는 이유는 무엇인가? 옛것에 대한 우리의 연구가 어떤 사회적 실천으로 귀결歸結될 수 있는가? 20세기 초기 우리가 국권을 상실했을 때, 민족의 문화유산을 연구한 국학자들은 민족독립이라는 실천적 목표가 있었다. 조선의 어문, 사상을 연구하는 것 자체가 당대의 소명에 봉사하는 독립운동이었다.

21세기의 국학자들의 실천적 목표는 무엇인가? 한국 전통문화의 가치를 재정립하여 현대의 삶 속에서 무엇을 어떻게 구현하고자 하는가?

나아가 그것의 보편성을 포착하여 세계화라는 거대한 문명사적 흐름 속에서 의미있는 성취를 만들어 가고 있는가?

현대 사회에서 자연과학과 공학은 엄청난 삶의 변화를 빚어내고 있다. 디지털 기술과 뇌 과학을 결합한 인공지능 개발의 가속화, 인간의 언어 능력이 숨어 있는 FOXP2 유전자의 발견, 동물 체세포 복제와 새로운 생명체 제조, 우주 개발 기술의 혁신 등등. 이러한 현실 속에서, 옛 문서를 파헤치는 연구가 곧 순수학문의 상아탑을 지키는 일이라고 강변하면서, 앞으로도 우리의 일을 계속해 갈 수 있을까? 디지털 매체의 급격한 발달과 변화하는 지식정보 환경에서 국학 연구도 새로운 현대화의 길을 모색해야 하지 않을까? 현대 과학이 미치지 못하는 인간 문화의 또 다른 내면을 밝히며, 현대 사회의 다양한 구성원이 필요로 하는 현실적 요구에 응답해야 하지 않을까.

이런 요구에 부응하기 위해 연구자들은 옛것의 현재적 가치를 발굴하고, 학제 간 연구를 확대하면서, 문화 콘텐츠 개발, 대중 교양서 저술 등을 통해 국학의 사회적 실천을 강화하고 있다. 정보화·세계화로 대표되는 현대 사회의 흐름 속에서, 국학을 포함한 인문학 연구가 여전히 가치 있는 학문적 실천임을 증명하고, 이 시대의 물음에 답하기 위해, 우리가 무엇을 어떻게 해야 하는지 고뇌하지 않을 수 없다. 빛바랜 옛 한지韓紙 종잇장을 넘기면서 손바닥 깊숙이 전해 오는 순수한 질감에 고뇌의 전율을 눅여 본다.

● 영남문화연구원 소식지, 2009. 3.

『석보상절』 그거 공부해서 뭐 합니까?

내가 주로 연구하고 있는 대상은 국어의 역사를 담고 있는 한글 문헌들이다. 세종대왕이 만드신 훈민정음으로 적힌 책을 연구하고 가르쳐왔다. 대학의 국어국문학과 학생들은 사 년 동안의 수업 과정에서 이런 문헌을 공부하는 기회를 한 번쯤은 갖게 된다.

나는 학부 과목에 <훈민정음과 중세한국어>라는 강의를 여러 해 동안 해 오고 있다. 이 수업을 하면서 드물기는 하지만 학생들에게 이런 질문을 받은 적이 있다.

> "교수님, 『석보상절』 그거 공부해서 뭐 합니까? 몇 백 년 전에 나온 책을 공부해서 어디에 써먹을 수 있습니까?"

신세대 청년의 당돌한 질문은 교수를 당황하게 한다. 꼭 중세국어 수업에서만 이런 식의 질문을 받는 것이 아니다. 현대국어에 쓰이는 각종 문법 형태, 예컨대 선어말어미, '-겠-', '-더-', '-리-', '-시-' 등이나 조사 '-이', '-가', '-만', '-도' 등의 기능과 역사적 변천을 강의할 때도 이런 의문이나 회의를 느끼는 학생을 만날 수 있다. 학생들 마음에 이런 생각이 들게 되면 하는 공부에 흥미가 갈 리 없다. 재미없고 따분한 시간이 되고 만다.

국어학을 가르치는 나만 이런 질문을 받는 줄 알았더니 고문헌을 가지고 연구하는 서지학자와 고문서학자, 한국사를 가르치는 사학과 교수들도 이런 질문을 받는다고 한다. 그 케케묵은 고서나 고문서를 뒤적여 뭘 찾아내려 하느냐? 이미 오래전에 지나가 버린 사실을 찾아낸들 그거 어디에다 쓸 것이냐? 오늘날처럼 빠르게 바뀌고 기술의 진보가 급속한 시대에 낡은 지식, 옛사람 이야기, 흘러가 버린 사건, 현실의 무대 공간에서 퇴장한 사람에 대해 그 무엇인가를 알아낸들 무슨 소용에 닿겠느냐는 것이다.

예전에는 순수학문의 가치를 존중하는 인식과 풍토가 있었던 듯하다. 대학은 진리를 탐구하는 상아탑으로, 지식 그 자체를 사랑하고 구하는 활동을 높이 평가받았다. 그런데 세월이 흐를수록 이런 풍토는 변하여 요즘은 '실용성'의 잣대로 모든 것을 평가하려 한다. '쓸모 있음'을 보여 주지 못하면 연구할 필요가 없다고 본다. 실용주의를 강조하고 이에 초점을 맞추어 연구하며 가르치는 산학 협력 대학으로 가는 경향이 우리나라에도 점점 뚜렷해지고 있다. 대학의 실용주의화는 급기야 기초학문을 주눅 들게 만들고 현실에서 고립시켰다. 자칫하다가는 기초학문은 고사枯死 당하는 위기에 몰릴 수도 있다.

더욱이 취업난이 가중되면서 취업에 유리한 학과에만 사람이 몰린다. 교사 진출이 보장된 교육대학과 사범대학, 의사 진출이 보장된 의과대학은 미어터진다. 인재들이 다 그리로 빨려 들어간다. 요즘은 공과대학마저 외면당하는 실정이다.

이런 상황에서 자연과학, 인문학 등 기초학문 학과에 오는 학생들은 성적 때문에 어쩔 수 없이 진학하는 경우가 대부분이다. 이런 동기로 입학한 학생들이 인문학의 기초학문인 언어와 문자를 다루는 공부에 회의를 느끼는 것은 당연한 일이리라.

앞에서 말한 질문을 받은 나는 이런 내용으로 답하곤 했다.

『석보상절』에 적힌 15세기 우리말을 분석하고 그 안에 담긴 특성을 밝히고 이해하는 것이 왜 쓸모가 없겠느냐. 『석보상절』은 500여 년 전의 우리말을 간직한 광맥이다. 그 광맥에서 캐낸 15세기의 문장 텍스트와 그 속의 우리말은 광석과 같다. 이 광석을 캐내어 정련하는 작업이 지금 우리가 공부하고 있는 방법이며 내용이다. 15세기의 언어를 분석하고 정련하는 작업은 공장에서 물건을 만들어 일상생활에 쓰듯이, 쓸모 있는 물건을 만들어 낼 수 있는 것은 아니다.

옛 문헌이라는 덩어리 상태의 언어라는 광석을 분석하고 다듬는 과정에서 우리는 '쓸모 있는' 배움을 얻는다. 이 배움이라는 게 무엇인가? 이 배움의 본질은 방법을 배우는 것이다. 덩어리 상태의 언어를 쪼개어 분석하는 방법을 배우는 것이다. 방법의 배움, 이것이 중요하다. 뭉텅이로 존재하는 사건이나 현상을 분석하여 체계화하고 구조화하여 우리가 이해할 수 있는 상태로 바꾼다. 그리하여 중세 한국어의 작동 원리와 그 속에 내재된 구조와 체계를 인식할 수 있다. 여기서 얻는 가장 중요한 것은 덩어리로 존재하는 언어를 분석하고 쪼개고 구조화하는 방법을 배우는 것이다. 이 방법을 배우고 이해하는 것은 중요하다.

사물이나 현상, 사건을 분석하고 구조화하는 방법을 배우는 것이 왜 중요한가? 그것이 왜 중요하냐 하면, 너희들이 졸업 후에 중세국어나 현대국어를 연구하는 국어학자가 되지 않아도 이 수업을 통해 익힌, 언어 분석 방법과 구조화 과정에서 얻은 접근 방식 자체가 쓸모 있기 때문이다. 이러한 훈련은 훗날 사회생활을 할 때 직무를 수행하거나 인생을 살면서 부딪히는 온갖 문제를 해결하는 데 기초 능력이 된다. 학교에서 배운 그 원리가 실제적 업무 수행에서 응용되고 활용된다는 말이다.

흔히 대학물을 먹어 본 사람과 안 먹은 사람이 다르다고 하는데, 이 말은 요즘 같은 시대에도 여전히 유효한 의미를 갖는다. 대학에서 덩어리로 존재하는 현상과 사건을 분석하는 훈련을 받은 사람과 그런 경험이 없는 사람 사이에는 얼마간 차이가 있기 때문이다. 수업에서는 학생들에게 과제물이 부여된다. 과제물을 제대로 작성하는 학생이라면 문제를 해결하는 구조적 접근법을 저절로 익히게 된다. 체계적 글쓰기 작업도 과제물 작성을 통해서 훈련을 받는다. 이런 훈련이 훗날의 직무 수행에 좋은 밑거름이 된다.

사람은 살아가면서 온갖 업무를 부여받고 문제를 해결해야 하는 상황에 직면한다. 어떤 직업을 가지든, 어떤 일을 수행하든 여러분 앞에는 해결해야 할 과제가 주어지는 경우가 많을 것이다. 바로 이 때, 수업 중에 익힌 분석적 훈련이 큰 힘을 발휘한다. 언어 분석을 하면서 체계적이고 구조적으로 생각하는 방식을 몸에 익혔다. 바로 이러한 사고방식으로 내 앞에 놓여 있는 문제에 접근하면 된다. 문제 현상을 분석하고 해체하고 구조화하면서 우리는 해결책을 찾을 수 있다.

학문은 지식의 나열이 아니다. 이론에 기반을 둔 체계화를 그 특징으로 한다. 단편적 지식의 습득이 아닌 구조화된 지식은 구조화된 사고 능력을 키워 낸다. 이러한 능력은 곧 개인의 능력이 된다. 세상을 바라보고 이해하는 능력을 키우게 된다.

이러한 답을 해 주면서 다음과 같은 말을 덧붙이기도 했다.

인문학의 근본은 인간에 대한 탐구에 있다. 인간을 이해하고, 인간에 대한 이해가 인간의 행복에 봉사할 수 있도록 하는 것이 인문학이다. 인문학의 하나인 국어학은 언어를 탐구의 대상으로 삼는다. 언어는 인간이 가진 가장 중요한 특징이다. 인간을 다른 동물과 구별 지어 인간답게 만드는 것, 그것이 바로 언어이다. 언어를 사용함으로써 인간은 인간의 특징을 드러내고 언어를 통해 그 특징을 표현할 수 있다.

따라서 언어에 대한 탐구는 인간에 대한 탐구로 나아가는 지름길이 된다. 인간을 이해하기 위한 가장 빠른 첩경이 바로 언어에 있다. 한국어에 대한 탐구는 언어에 대한 탐구이면서 동시에 인간에 대한 탐구이다. 한국어에 대한 공부는 한국인에 대한 공부가 된다. 중세국어를 공부하고, 현대국어의 '-겠-', '-더-', '-리-', '-시-' 등이나 조사 '-이', '-가', '-만', '-도' 등을 연구하는 것은 크게 보아 한국어를 좀 더 깊이 이해하려는 노력의 하나이다.

작은 개울물이 모여 시내를 이루고, 시내가 모여 강을 만들며, 강물이 바다로 흘러든다. 마찬가지로 세부 주제에 관한 하나하나의 연구가 모이고 결집되면 국어 전반에 대한 연구가 된다. 자음이나 모음, 어미나 조사 등과 같은 연구들이 모여 음운론, 통사론, 어휘론, 형태론 등을 이루고, 이들이 결집되어 국어학을 이루며, 국어학은 다른 언어의 연구와 만나 언어학이라는 강을 이루고, 언어학은 다른 인문학과 만나 학문의 큰 바다에 이르게 된다.

우리가 공부하는 국어에 대한 작은 주제들은 결국 한국어 전반을 이해하는 샘물이 되어 다른 주제들과 결합하여 점점 큰 주제로 나아가게 된다. 국어학에 대한 공부를 시작하는 사람이 처음부터 국어 전반에 대한 큰 시야를 가지기는 어렵다. 작은 것부터 시작하여 차근차근 나아가야 한다. 작은 것 하나하나를 건지고 차곡차곡 쌓아 이들을 조직하고 체계화하여 그 속에 담긴 의미를 캐내야 한다. 그리고 그 의미를 인간의 삶과 한국인의 삶과 결부시켜 이해할 수 있어야 한다.

그리하여 한국어에 대한 공부는 한국인에 대한 탐구이며 넓게는 인간에 대한 탐구가 된다. 우리가 『석보상절』을 공부하고 중세국어나 현대국어의 문법 형태, 음운 체계를 공부하는 것도 이러한 맥락에서 이해할 수 있다.

한국어는 한국인의 의식과 문화를 담아내는 그릇이다. 한국어를 연구하는 것은 곧 한국인의 의식과 문화를 연구하는 것과 직접 결부된다. 한국인은 한국어를 통해 가장 한국인다운 특징을 드러내기 때문에 한국어 연구는 한국인을 이해하기 위한 첩경이 된다.

이와 같은 말을 학생들에게 들려주면서, 『석보상절』을 왜 공부하는

지, 훈민정음 해례본에 담긴 문자 제정의 원리를 왜 배우는지, '-겠-', '-더-', '-리-', '-시-' 등과 같은 세부적인 공부를 왜 하는지 이해시키려고 하였다. 듣는 학생들이 어느 정도 수긍했는지 그 마음속을 들여다볼 수는 없지만, 내가 말하고자 하는 뜻은 알아들은 듯하다.

그러나 이렇게 설명하는 나 스스로 여전히 숙제가 다 풀린 것은 아니다. 젊으나 늙으나 사람에게 가장 중요한 것 중의 하나는 생계를 유지하기 위한 직업을 구하는 것이다. 학생들이 직업을 얻는 데, 내가 가르치는 것이 도움이 될까?

국어 교사로 진출하거나, 가르치는 직업으로 나아가려는 학생에게는 분명 유익함이 있으리라. 대학원에 진학하여 국어국문학을 연구하는 학생에게도 도움이 될 것이다. 그러나 일부 학생만 이런 방향으로 진출할 뿐, 대부분 다양한 일자리로 나아간다. 직업을 얻는 데 한해 본다면 내가 가르치는 내용이 별로 도움이 안 된다.

이 사실을 느낄 때 어쩔 수 없는 나의 한계를 인정하지 않을 수 없다. 다만 배움을 통해 학생들이 자신의 사고력을 키우고 지식의 힘을 바탕으로 세상을 보는 눈을 더 밝게 하는 데는 힘이 될 것이라 믿는다.

● 송암 우두현 선생 문집, 2005. 12.

우리의 冊

冊이라는 한자는 죽간으로 만든 책의 형상을 본뜬 글자이다. 고대의 중국에서 대나무를 납작하게 쪼개어 거기에다 글자를 쓴 것을 죽간竹簡이라 했다. 이 죽간이 여러 장이 되면 죽간의 한쪽에 구멍을 뚫고 가죽끈을 넣어 차례대로 묶었다. 이렇게 묶은 모양을 나타낸 것이 冊이라는 상형문자이다.

지금의 양장본은 책등을 접착제로 붙여 제본하지만 우리의 전통적인 고서는 실을 여러 가닥 겹쳐서 꼰 노끈으로 책등이 묶여 있다. 고서를 꺼내어 자세히 관찰해 보면, 책등을 묶은 구멍 수가 다섯 개임을 알 수 있다. 이 다섯 구멍은 우리 고유의 제본 방식으로서 견실하고 균형 잡힌 책의 형태를 유지하게 해 준다. 또 五行, 五方, 五音 등에 쓰인 五의 의미와 서로 통하는 점이 있다.

책을 보관할 때 양장본은 세워서 꽂아 두는 것이 적합하지만 고서는 한지의 부드러움으로 인해 세워 두면 책이 굽거나 형태가 휘어진다. 고서는 세우는 것이 아니라 한 권 한 권을 포개어 서가에 얹어 두기에 알맞다. 고서는 책을 읽을 때 책상 위에 놓는 모양이나 서가에 얹어 놓는 모양이 한결같다. 닥나무로 만든 한지는 습기에 강하며 질기고, 벌레의 침해를 적게 받아 수백 년이 지나도 변함이 없다. 일제시대 때 나온 양장본의 책은 100년도 채 안 되었는데 벌써 그 종이가 바스라져 만지기가 여간 조심스럽지 않다.

우리의 고서는 이삼백 년이 지난 것도 종이의 색깔만 약간 바랠 뿐 그 형태가 온전하며 종이의 질감까지도 고스란히 손끝에 느껴진다. 인간이 만든 가장 위대한 발명품인 책을 우리 조상들은 그야말로 책답게 만들었다고 생각한다.

● 매일신문 「매일춘추」, 1993. 6. 7.

옛 편지에 담긴 17세기의 말과 삶

국립대구박물관에서는 2011년 6월 21일부터 <4백 년 전 편지로 보는 일상>이라는 제목으로 한글 편지 특별전을 열었다. 여기에 전시된 편지는 1610년 전후에 달성군 현풍 소례 마을에 살았던 곽주와 그의 가족들이 쓴 것이다. 곽주는 곽재우 장군의 종조카로서 임진왜란 때 의병활동에 참여한 인물이기도 하다. 편지가 쓰인 시대는 커다란 전란이 지나간 직후인지라 치안이 불안하고 먹고 살기 어려운 때였다. 이런 시대를 살았던 지역 양반가의 온갖 생활 모습이 이 편지의 글 속에 오롯이 담겨 있다.

「현풍곽씨언간」을 통해 우리는 당시의 언어 예절은 물론 옛사람들의 생활 모습도 엿볼 수 있다. 곽주가 장모에게 쓴 편지의 인사말은 "문안 알외옵고 요사이 치위예 대되 어찌 계시온고. 기별 못 들어 밤낮 염려하옵니다."와 같이 시작하였다. 이어서 "마침 아는 사람이 먹으라 하면서 내게 쇠고기 네 고리와 전복 열 낱을 주옵기에 비록 적지마는 한 때나마 잡수시옵게 보내옵노이다."라고 하면서 당시에 매우 귀한 먹거리였던 쇠고기와 전복을 보낸 사연도 나온다.

곽주가 쓴 편지에는 죽엽주와 포도주(원명은 '보도쥬') 만드는 양조법도 있다. 그러나 이 술에 들어가는 재료는 멥쌀, 찹쌀, 누룩이고 포도는 들어가지 않는다. 죽엽주에도 죽엽을 넣어서 만든다는 내용이 없다. 죽엽주를 만든 후 여기에 찹쌀을 넣어 빚는 것이 포도주로 되어 있다. 오늘날 우리가 알고 있는 포도주와 많이 다르다. '보도쥬'는 포도를 원료로 쓴 것이 아니라 빚은 후의 술 빛이 포도색을 띠고 있었기 때문에 붙인 듯하다. 요즘의 붕어빵에 붕어가 들어가지 않듯이, 17세기의 포도주에는 포도가 들어가지 않았던 것이다.

곽주가 쓴 편지 중에 가장 가치 있는 내용은 한글 교육에 관한 것이다. 곽주가 그의 장모인 합산댁에게 보낸 편지에, "아우의 자식 둘이 거기에 가 있을 때에 언문을 가르쳐 보내시옵소서. 수고로우시겠으나 언문을 가르치옵소서."라고 청하는 내용이 그것이다. 1610년 전후의 양반가 부녀자들이 한글을 쓸 수 있었고 또 아이들의 한글 교육을 담당했음을 알려 주는 귀한 편지다. 훈민정음 창제 이후 한글 교육을 누가 어떻게 시켰는지 구체적 자료가 없었다. 이 편지가 나타남으로써 그 실상을 알 수 있게 되었다.

곽주가 1606년 이전에 쓴 편지에는 갖은 음식과 술을 장만하여 '당새기'에 넣어 보내는 사연이 다음과 같이 나온다.

> "당삵에 담아 안주는 내일 해서 보내되 생꿩을 잡아 왔거든 다리와 돕지 둘을 달라고 하여 넣고, 말린 꿩도 한 돕지만 넣어서 보내소.

문어도 한 갈래만 작은조시에게 달라 하여 쓰고 전복도 두 낱만 달라 하여 쓰소. 조개도 잡아 왔거든 누르미처럼 조리하여서 당삵에 넣어 보내소. 자총이도 쓰소. 당삵에 담은 안주와 소주를 내일 낮 전에 보내소. 바빠 이만."

이 편지에 등장하는 음식 재료는 생꿩고기, 말린 꿩고기, 문어, 전복, 조개, 자총이(양념용 파) 등이다. 이런 재료로 만든 음식은 모두 술안주이다. 술은 소주를 보내라 하였다. 내륙인 현풍에서 이런 어물들은 귀한 음식이었을 것이다. 아마도 낙동강을 오르내린 배에 실려 김해 쪽에서 올라왔으리라. 그런데 안주를 담은 그릇 '당삵'은 무엇일까? 경상도 토박이라면 이 낱말이 '당새기'(혹은 당시기)의 옛말임을 금방 깨달을 수 있다. 당새기는 대나무 껍질로 엮은 고리로 뚜껑이 있다. 잔치 때 음식을 담아 보내는 그릇으로 많이 썼다. 지금도 시골집 정지간에 당새기가 걸려 있기도 하다. 표준말이나 타 방언에 없고 현대국어의 사전에도 실려 있지 않은 이런 낱말을 400년 전의 편지에서 만날 수 있다니, 고맙고 기특한 일이다.

● 대구일보, 2011. 7. 5.

조선시대 한글 편지에 나타난 부부의 정

조선시대가 남긴 수많은 문헌 자료 중에서 부부의 가정생활을 가장 진솔하게 보여 주는 것이 한글 편지다. 당시의 한글 편지들은 주로 여성이 수신자이거나 발신자이며, 대부분 가족 간에 주고받은 것이기 때문이다. 한글 편지는 부부의 인간관계를 살필 수 있는 좋은 안내자이며, 일상생활이 담겨 있는 삶의 일기장이다.

1468년 한글이 반포된 지 22년밖에 안 되던 해에 김종직(1431~1492)의 어머니 밀양 박씨와 아내 하산(창녕) 조씨가 서울에서 교리 벼슬을 하고 있는 남편 김종직에게 편지를 보냈다. 합천은 서울에서 멀리 떨어진 곳이라 한글이 아직 알려지지 않은 듯, 두 여인의 편지는 이두문으로 쓰여 있다. 김종직의 아내 조씨는 남편을 향해, "밤낮으로 그리워 그리워 그리워하고 있사오며"라고 애타게 호소하였다. 그리워할 '戀'(연) 자를 세 번씩이나 되풀이했다. 이어서 "저는 지금 전에 앓던 병이 낫지 않고 배 속에 이물질이 생겨 형체를 이루고 소리가 납니다. 배가 부어올라 고통이 날이 가도 줄지 않으니 죽기만 기다릴 뿐이오니, 한 번

만날 수 있기를 간절히 바라옵니다."(안승준 번역)라고 했다. 그리운 남편에게 병 증세와 그 고통을 호소하면서 만나러 와 달라고 간청하고 있다. 아내가 자기 생각을 적극적으로 표현하는 태도가 돋보이는 편지다.

수백 년 전 애절한 사연에 감동

최근 부부의 날(5월 21일)을 맞아 언론에 소개된 '나신걸 언간'은 나신걸이 함경도 경성에서 군역을 하면서, 충청도 회덕에 사는 아내 신창 맹씨에게 보낸 편지다. 이 편지에서 나신걸은 "분하고 바늘 여섯 개를 사서 보내오. 집에 못 다녀가니 이런 민망한 일이 어디 있을꼬! 울고 가오. 어머님 뫼시고 아이들하고 잘 계시오."라고 하였다. 아내를 그리워하나 가서 만나지 못해 슬퍼하는 나신걸의 마음이 표현되어 있다.

남편을 절절하게 그리워하는 아내의 마음이 담긴 편지는 원이엄마가 남편에게 남긴 것이다. 고성 이씨 17세손 이응태(1556~1586)가 서른 나이에 갑자기 죽자 아내인 원이엄마가 그 슬픔을 못 이겨 고인의 관 속에 편지를 써 넣었다. 이 편지는 그 사연의 애절함과 지극히 간절한 표현으로 가슴에 사무치는 뛰어난 명문장이어서 세간에 널리 알려져 있다. "둘이 머리가 세도록 살다가 함께 죽자고 해 놓고서 어찌 나를 두고 당신 먼저 가셨습니까. 둘이 한자리에 누워서 늘 제가 당신에게 이르기를 '이 보소. 남도 우리같이 서로 어여삐 여기고 사랑할까요? 남도 우리 같을까요?' 하며 당신에게 사랑을 속삭이곤 하였지요."라는 편지의 내용은 부부간의 애틋한 사랑의 느낌을 그대로 전해 준다. 요즘도 금실 좋은 부부 사이에 나눌 만한 달콤한 말이다. 이 편지에 그려진 부부간의 절절한 애정과, 죽음을 슬퍼하는 애통함은 현대인의 눈시울을 젖게 한다.

임진왜란이 터지자 학봉 김성일은 경상우도 감사로 임명돼 싸움터로 나아갔다. 전장을 누비고 다니던 김성일은 안동 납실에 있는 아내 권씨에게 한 장의 한글 편지를 보냈다. "요즘 같은 추위에 어찌 계시오. 가장 생각하고 생각하오. 살아서 서로 다시 볼 수 있을지 기약하지 못하오. 나를 그리워하지 말고 편안히 계시오." 유언장 같은 이 편지에는 부부간의 따뜻한 정리情理가 은근히 그려져 있다. '가장 생각하오.'라는 말에 아내를 그리워하는 마음이 배어 있고, '그리워하지 말고 편안히 계시오.'라는 말에는 근엄한 선비의 아내를 사랑하는 은근한 마음씨가 촉촉하게 느껴진다. 이 편지를 보내고 얼마 되지 않아 김성일은 진주성을 지휘하던 도중에 병사했다.

17세기 초기에 홍의장군 곽재우의 조카인 곽주가 아내 진주 하씨에게 쓴 「현풍곽씨언간」에는 아내를 돌보는 남편의 마음이 구구절절 묘사돼 있다. 출산을 위해 친정에 간 아내에게 꿀과 참기름을 보내고, 염소 중탕을 지어 가서 직접 달여 먹이겠다는 사연도 있다. 후처로 들어와 불편함을 겪는 하씨의 마음을 따뜻하게 위로하며, "삼 년을 눈을 감고 귀를 재우고 견디소. 남들의 입방아 찧는 소리는 늘 듣는 것이니 삼 년을 노래 듣듯이 듣고 견디소."라 하면서 아내를 다독이고 있다.

부부 사이가 어찌 좋기만 하겠는가? 16세기 후기에 쓰인 「순천김씨언간」에는 남편이 시앗을 본 후 고통스러워하는 아내의 모습이 나타난다. 소주를 독하게 먹고 죽을까도 생각한다는 신세 한탄이 읽는 이의 마음을 아프게 한다.

부부간의 생활 진솔하게 보여줘

이처럼 부부간에 주고받은 한글 편지에는 가정의 온갖 일이 그려져 있다. 농사, 혼사, 제사, 손님 접대 등의 가정사를 부부가 서로 협력해 처리했다. 남편의 부재 시에는 아내가 제사를 주관하고 노복을 관리하는 등 여성이 주도적인 역할을 했다. 부부의 서로 배려하는 마음과, 은근하지만 심금을 깊이 울리는 사랑의 지혜를 한글 편지에서 배울 수 있다. 수백 년 전의 한글 편지가 여전히 현대인의 마음에 와닿는 것은 그 사연의 진실성과 시공을 초월한 인간 삶의 보편성에 기인한 것이리라.

● 동아일보 부부의 날 기념 특별기고, 2012. 6. 2.

* 참고한 안승준의 논문: 점필재 김종직이 어머니와 아내로부터 받은 편지, 『문헌과 해석』 5호, 문헌과해석사, 1998.

대구 지역 출판문화의 전통

책은 인류가 발명한 가장 위대한 발명품이다. 인류 문명의 끊임없는 진보를 가능케 한 것은 문자를 통한 기록과 그 기록을 담아내는 그릇, 즉 책의 힘이 있었기 때문이다. 최근 컴퓨터와 디지털 기술의 놀랄 만한 발전으로 책과는 비교할 수 없는 엄청난 분량의 정보를 신속하게 저장하고 전달할 수 있게 되었다. 다양한 내용의 콘텐츠를 책만큼 효율적으로 수용할 수 있는 도구를 달리 찾아보기 어렵다. 책이 인류 문명의 발전과 함께 수천 년 존속해 왔다는 사실은 책의 뛰어난 효용성이 긴 세월 동안 검증되었음을 의미한다.

디지털 매체가 아무리 발전하더라도 책의 효용성과 책이 가진 힘은 퇴색하지 않을 것이다. 책은 디지털 환경에서도 충분히 살아남을 수 있는 장점을 지니고 있다. 책이 가진 최대의 장점은 책이란 것이 한 손에 잡히는 물질적 형태를 지니고 있으며, 내용 전체를 한눈에 파악할 수 있도록 하는 점이다. 디지털 화면의 책은 이것을 구현하기 어렵다.

한 국가에서 역사서의 편찬이 이루어진 시기는 문명 발전의 한 척도가 된다. 서양 역사의 아버지라 불리는 그리스의 헤로도토스는 기원전 5세기경에 『역사』라는 책을 지었고, 중국의 사마천(기원전 145년경~기원전 87년경)은 기원전 1세기경에 『사기』를 지었다. 우리나라의 경우에는 고구려 국초에 편찬되었던 『유기』留記가 있고, 백제 근초고왕(346~374) 때 박사 고흥高興이 편찬한 『서기』書記도 있다. 신라 진흥왕 6년(545)에는 거칠부居柒夫가 『국사』國史를 편찬했다. 이러한 역사서의 편찬 순서는 문명 발전의 순서를 그대로 보여 준다. 국가적 차원의 역사서 출판이 문명 발전의 순서를 보여 주듯이, 한 국가에서 각 지역의 서적 출판은 그 나라의 학술 문화 역량은 물론 경제적 역량까지 그대로 반영한다.

조선시대의 영남 지역은 대구의 영남 감영을 중심으로 전국에서 가장 많은 서적을 간행한 곳이다. 서구 문명의 유입 이후에 전개된 양서洋書 출판에서도 대구는 상당히 중요한 비중을 차지하였다. 이러한 대구 지역 출판문화의 힘은 대체로 1980년대까지 유지되었다. 그때까지만 해도 대구의 형설출판사는 전국적 지명도를 가진 저명 출판사였고, 학문사라는 출판사도 다수의 학술서와 교재를 간행하였다. 그러나 한국 사회의 중앙 집중화가 경제와 문화 등의 면에서 더욱 심화되면서 오늘날 대구의 출판문화는 크게 위축되었다. 요즘 대구 지역의 출판사에서 나오는 수준 높은 학술서와 교양서가 크게 줄어들어 우리를 걱정스럽게 한다. 튼튼한 재정을 가진 출판사의 부족, 편집력과 기획력을 가진 인재의 부족, 책을 구입하는 시민 수의 감소 등이 합작한 결과이다.

근대 시기의 대구 지역의 출판사로 재전당서포在田堂書鋪가 있었다. 재전당의 주인은 김기홍인데, 류탁일 선생의 논문에 김기홍의 상반신 사진이 소개되기도 했다. 김기홍은 유교 경전은 물론 초학자용 학습서와 각종 실용 서적, 딱지본 소설 등 다양한 책을 간행하였다. 그가 간행한 책은 지금까지 90여 종으로 알려져 있다. 그는 근대 대구 지역 출판문화의 개척자이다. 김기홍이 간행한 책의 판권지에는 간행 주소가 "慶尙北道 大邱面 京町 一丁目 四十七番地" 혹은 "大邱府 京町 一丁目 二十七番地" 등으로 나타나 있다. 후자 주소지를 현재 주소로 바꾸면 대구광역시 중구 종로동 1가 27번지이다(최호석 논문 참고). 약전골목 옆에 있는 가구 골목 일대가 이 주소지에 해당한다. 당시 재전당서포 이외에도 소규모 출판사가 몇몇 있었다. 달성공원 서쪽에는 광문사廣文社가 있었다. 이 출판사에서는 1906년에 『유몽휘편』이라는 아동학습서를, 1907년에 『중등산학』中等算學이라는 수학서를 간행했다. 후자는 대구 지역에서 나온 최초의 근대 학술서라는 점에서 역사적 의의가 있다. 출판 수량은 적지만 광문사의 출판이 시기적으로 가장 빠르고 근대적 서적이라는 점에서 이 출판사의 가치는 높이 평가될 수 있다. 이 밖에도 칠성당서포가 있었는데, 그 주소는 "大邱府 京町 一丁目 七番地"로 되어 있다. 앞의 재전당서포와 매우 가까운 자리에 있었음을 알 수 있다. 한편 대구 인근 지역인 성주에 회소당繪素堂이란 출판사가 있었고, 여기서 1923년에 『달성세고』達成世稿라는 전통적 성격의 책을 목활자로 간행했다.

우리는 너무나 오랫동안 대구의 근대 출판문화를 방치해 두었던 것이 아닌가? 우리 지역의 출판문화 전통은 더욱 자세히 밝혀져야 한다. 이런 노력은 출판을 통해 우리 지역의 문화적 역량을 키워 가는 데

초석이 될 것이다. 재전당서포가 있었던 실제 위치를 확인하여 그 자리에 표지석 하나쯤은 세워 두어야 하지 않겠는가!

● 경북대 신문 「영남문화산책」, 2007. 6. 7.

영남, 한국 전통문화 자산의 보고

오늘날 경상남도와 경상북도를 합쳐서 흔히 경상도라 부른다. 경상도의 별칭으로 영남이 있다. 전라남·북도를 합쳐 전라도라 하고 그 별칭을 호남이라 하는 것과 같다. 『경상도지리지』에 따르면 고려 성종 14년(995)에 전국을 10도로 나눌 때 상주 지역을 영남도嶺南道, 경주와 김주를 영동도嶺東道, 진주를 산남도山南道로 각각 삼았다고 한다. 그 후 고려 예종 때 경상진주도慶尙晋州道를 두었고 이후 여러 번 바뀌다가 충숙왕 원년(1314)에 경상도라는 명칭이 확정되었다. '영남'과 '경상도'라는 명칭의 기원을 여기에서 찾을 수 있다.

행정 단위로서의 경상도의 성립은 이 지역민들의 '지역 공동체 의식'을 형성시켜 가는 데 하나의 계기로 작용했을 것이다. 다른 도 지역과 구별되는 경상도 지역의 공동체 의식은 행정 단위로서의 경상도가 성립됨으로써 점진적으로 형성되어 갔을 것이다. 행정 단위로서의 경상도의 성립은 이 지역의 문화와 언어를 형성하는 데도 큰 영향을 미쳤을 것으로 본다.

한국 문화의 역사적 전통을 중시하는 관점에서 경상도 지역의 문화권을 나눈다면, 대체로 다음 세 가지로 설정할 수 있다. 첫째, 경주를 중심으로 한 동부 문화권, 둘째, 안동을 비롯한 경북 북부 지역과 진주·함양 등의 경남 지역을 아우르는 유교 문화권, 셋째, 고령·김해·성주를 포함하는 낙동강 유역의 가야 문화권 등이 그것이다. 현대 한국 사회의 생활 문화권을 기준으로 한다면 부산권, 울산권, 마산·진주권, 대구권, 안동권, 포항·경주권 등과 같은 권역으로 나눌 수 있다.

한국사의 역사적 전개에서 조선 팔도의 각 지역은 고유의 언어적·문화적 특징을 간직하며 전체 한국 문화의 형성에 기여해 왔다. 경상도는 고대사에서는 신라의 중심지였고, 고려와 조선에서는 주변 지역으로서 한국 문화의 발전에 기여했다. 수천 년의 역사 속에서 영남 지역에는 다른 어떤 지역보다 두툼한 사상·학술·문화 자원이 축적되어 왔다. 한국 불교사의 거봉을 이룬 원효대사와 유학의 비조인 설총의 고향이 바로 영남이다. 퇴계 이황 선생을 비롯한 조선 유학의 정점을 이룬 학자들이 영남에서 나서 영남을 배경으로 활동했다. 동학을 개창하여 한 세상을 혁신하려 했던 사상가 최제우는 경주가 고향이다. 근·현대 한국사를 꿰는 수많은 인물이 이 지역에서 배출되었다.

전국 지정문화재의 45%가 넘는 3,131건이 영남권에 소재하고 있다. 중요무형문화재 전승자의 47%가 영남에 거주하고 있다. 한국의 삼대 사찰 중 두 곳(통도사, 해인사)이 영남에 있으며, 수많은 불교 사적과 사찰이 이 지역에 소재한다. 조선시대의 대표적 서원 다섯 개 중 네 곳(도동·옥산·도산·병산서원)이 영남에 있으며, 전국 서원의 35%(680개 중 240개)가 이 지역에 남아 있다. 이런 점에서 영남은 한국 전통문화 자원의 보고라 할 수 있다. 이러한 전통문화 자산을 보유하고 있다는 점에서 영남은 다른 어떤 지역보다 한국학 연구의 좋은 여건을 갖추고 있다.

전통문화를 담는 대표적 그릇은 문자로 기록된 책과 문서이다. 전통 시대 때 만든 책을 고서라 하고, 거래와 약속 등을 기록한 각종 문서를 고문서라 한다. 현재 전하는 고문서의 수량은 전체적으로 파악하기 어렵다. 그러나 고서는 소장 기관을 중심으로 하여 대략적으로 파악되어 있다. 서울대 도서관과 규장각, 한국학중앙연구원의 장서각, 고려대 도서관, 연세대 도서관 등이 대표적 고서 소장 기관이다. 대구 경북권만 하더라도 경북대, 영남대, 계명대, 대구가톨릭대, 국학진흥원 등이 각각 수만 권의 고서를 소장하고 있다. 서울 소재 소장 기관을 제외하고는 가장 많은 수의 고문헌이 대구·경북에 간직되어 있다. 봉산문화거리에 여러 고서점이 산재한 것도 대구에만 있는 풍경이다. 이런 점에서도 우리 고장은 한국학 연구의 좋은 환경을 갖추고 있다.

각종 문화재와 고문헌뿐 아니라 한국학 연구 인력과 관련 학과도 상당히 잘 갖추어져 있다. 그리하여 고문서를 포함한 한문 자료 해독이 가능한 인력 또한 다른 지역보다 훨씬 풍부하다. 한국학 연구를 위한 인적·물적 기반이 상당한 수준으로 확보된 곳이 바로 영남 지역이다. 이런 전통이 기반이 되어 있기에 대구를 학술의 고장, 즉 '학문 수도'로 만들자는 주장이 나오게 된 것이다. 영남 지역의 이러한 전통을 고려해 볼 때, 대구시와 경상북도에서 추진하고 있는 '지식경제구역' 사업에 지역 전통문화 자원 부문이 빠진 것은 재고돼야 할 것이다.

● 경북대 신문 「영남문화산책」, 2007. 10. 4.

대구 봉산문화거리의 고서점이 전국 최고인 까닭

대구시의 한복판 반월당 네거리 옆에는 봉산문화거리가 있다. 남구청에서 지정한 이 거리에는 고서점을 비롯하여 화랑, 표구점, 전통문화 상품 매장 등이 여럿 있다. 작년에는 봉산문화회관도 지어졌다. 이곳의 이름이 '봉산문화거리'이지만 실제로 가 보면 별로 볼품이 없다. 자그마한 화랑 몇 개가 흩어져 있고 이따금 전시회를 알리는 현수막이 나부낄 뿐이다. 길바닥과 보도 등 주변 환경은 전혀 문화거리다운 분위기가 없다. 대구시에서도 이 거리에 문화적 차원의 투자를 별로 하지 않는 듯하다. 최근에는 이 거리 한중간에 주공아파트가 지어져 거리의 상당 부분이 주거지로 잠식되었다. 앞으로 '문화거리'라는 이름을 계속 유지할 수 있을지 의심스럽다.

봉산문화거리는 초라해 보이는 겉모습 이면에 타 도시의 어떤 문화지구와 비교할 수 있는 특장점을 갖고 있다. 그것은 다름 아닌 이 거리 곳곳에 자리 잡고 있는 고서점이다. 봉산문화거리에 자리 잡은 고서점은 대략 10개 가까이 된다. 이 고서점들은 상당히 많은 고서를 갖추고 고서를 요구하는 도서관 등 주요 기관에 공급하고 있다. 서울의 인사동 거리에도 예전에는 고서점이 여러 곳 있었으나 이제 쇠퇴하여 겨우 두어 군데가 명맥을 유지할 뿐, 대부분 전통문화 상품 가게로 바뀌었다. 필자가 알고 있는 타 도시의 고서점은 전주에 1곳, 부산에 1곳, 청주에 1곳이 있을 뿐이다. 중소 도시에는 고서점 전문상이 아예 없다. 대구에 고서점이 다른 지역에 비교할 수 없을 만큼 많은 까닭이 무엇일까? 필자는 이 물음에 대한 답변을 다음 세 가지로 생각해 보았다.

첫째 고서를 많이 생산한 조선시대 때 영남에는 향리에 묻혀서 글을 읽고 공부한 선비가 많았다. 이에 따라 많은 책이 이 지역에서 유통되었다. 조선시대의 보통 선비는 과거에 급제하는 것이 커다란 꿈이었다. 과거에 응시하려면 많은 독서를 해야 했다. 18세기 이후 영남 유림은 중앙 권력에서 멀어지기는 했으나 과거 급제를 위한 독서는 줄기차게 계속되었고, 책의 수요도 지속되었다. 그리하여 영남의 주요 서원과 문중뿐 아니라 평범한 집안에도 고서가 소장될 수 있었을 것이다. 이러한 배경으로 인해 오늘날까지 영남 지역에 많은 책이 남아 있게 된 것이다.

둘째, 영남 지역은 예로부터 물산이 풍부하고 인력이 많아서 책을 많이 출판했다. 조선시대 때 영남의 인구수는 팔도 중 가장 많았다. 한지 제조에 필요한 닥나무 재배도 많았다. 조정에서 필요한 책을 각 지방에 배정하여 책을 찍을 때, 영남에 가장 많은 물량이 배정되곤 하였다. 세종대왕께서 중국에서 『성리대전』을 가져다가 조선에서 다시 목판으로 찍었다. 이때 영남에 배정하여 찍은 『성리대전』의 일부가 요즘도 간혹 발견되고 있다. 영남의 여러 고을 중 책을 많이 간행한 곳으로는 대구를 비롯하여 경주, 안동, 성주, 선산이 있다. 영남의 많은 사찰도 고서 생산에 큰 영향을 미쳤다. 예나 지금이나 불교 문화가 가장 융성한 곳이 영남이다.

20세기에 접어들면서 고서 출판을 중심으로 전개되어 온 전통 인쇄 문화가 막을 내리게 되었다. 신식활자 제조 기계와 납활자가 도입되었으며, 인쇄 기계를 비롯한 서적 출판의 신기술이 대구에도 빠르게 수용되었다. 20세기 초에 신식 납활자로 인쇄한 책이 대구에서 많이 간행되었음이 이 사실을 보여 준다. 대구에서 설립된 형설출판사가 전국의 유명 출판사로 성장한 것도 남다른 출판문화의 전통이 영남 지역에 이미 구축되어 있었기 때문이다.

셋째, 영남 지역이 한국전쟁의 피해를 적게 받았다는 점이다. 미증유의 파괴적 내전으로 인해 전국이 초토화되다시피 했으나 경상도는 그 피해를 상대적으로 적게 받았다. 영남 지역이 치열한 전투에서 제외된 것은 아니었지만 낙동강 이남 지역이 전투의 소용돌이에 휘말리지 않은 까닭으로 영남은 다른 지역에 비해서 그 피해가 적었다. 그리하여 영남의 사찰과 고택은 피해를 덜 보았다.

대구의 봉산문화거리의 고서점이 전국 최고인 까닭은 위의 세 가지로 설명될 수 있다. 대구 경북은 출판문화의 우수한 전통을 가지고 있었고 전란의 피해를 적게 받은 까닭으로 오늘날 고서가 영남 지역에 가장 많이 남아 있게 된 것이다.

그러나 문제는 이러한 전통을 되살리고 계승 발전시키려는 어떠한 정책도 이 지역의 시정에서 실천되지 못하고 있다는 점이다. 청주시는 고려시대 때 청주 흥덕사에서 활자를 만들어 책을 찍었다는 기록 하나만으로 '고인쇄박물관'을 그 자리에 설립하고, 이것을 전국에 널리 알림으로써 고서를 현대적 문화 자원으로 활용하는 정책을 선점했다. 대구시는 어떠한가. 고서점 몇 개 더 있다는 것으로 만족하고 있어야 하는가?

● 운경문화재단 소식지, 2006. 9. 20.

한국 음식학의 기초를 놓은 정부인貞夫人 안동 장씨

조선시대의 탁월한 어머니들

"녹두 껍질을 벗기고 뉘 없이 되게 갈아서 기름을 잠기지 않을 만큼 붓고 끓여라. 간 녹두를 조금 떠놓고, 껍질 벗긴 팥을 꿀에 반죽하여 소를 넣어라. 그 위에 녹두 간 것을 덮어 기름종이 빛처럼 구워야 맛이 좋다."

이 글은 정부인 안동 장씨張氏가 『음식디미방』이라는 책에서 빈대떡 만드는 방법을 설명한 것이다. 이 책에는 146가지의 조선시대 음식 조리법이 설명되어 있다. 이 책을 지은 장씨 부인은 어떤 사람인가.

한국인에게 조선시대의 어머니로서 가장 먼저 생각나는 사람이 누구냐고 물어보면, 보통 율곡 선생의 어머니 신사임당이나 한석봉의 어머니를 떠올릴 것이다. 이 두 분이 한국인의 뇌리에 박힌 까닭은 초등학교의 교과서나 동화책에 그 이야기가 실렸기 때문이다. 신사임당은 글씨와 그림이 뛰어난 예술가로서, 그리고 율곡이라는 탁월한 아들을 길러 낸 어머니로서 존숭을 받아 왔다. 한석봉 어머니는 교육적 실천을 통해 명필가 아들을 훈육해 낸 어머니로 존경을 받는다.

널리 알려져 있지 않지만, 조선의 위대한 어머니 중의 한 사람으로 정부인貞夫人 안동장씨(1598~1680)를 빠뜨릴 수 없다. 장씨 부인의 행실과 인품, 예술적 재능, 그리고 현재까지 큰 영향을 미치고 있는 최초의 한글 음식조리서 『음식디미방』의 저술. 장씨 부인이 이룩한 이러한 행적을 알고 나면, 이분이 왜 가장 뛰어난 조선의 어머니로서 기억되어야 하는지 깨닫게 될 것이다.

가족과 이웃에 미친 자애로움

정부인 장씨는 안동 서후면 금계리에서 1598년에 태어났다. 아버지는 참봉을 지내고 향리에서 후학을 가르쳤던 성리학자 경당 장흥효이고, 어머니는 권사온의 딸이다. 19세에 재령 이씨 집안의 이시명과 혼인하였다. 장씨 부인이 살았던 집은 현재 영양군 석보면 원리동(두들마을)의 석계고택으로 보존되어 있다.

이시명의 둘째 부인으로 들어온 장씨는 육남 이녀를 두었다. 장씨 부인은 전처의 자식까지 거두어 모두 칠남 삼녀를 훌륭히 양육하였다. 장씨 소생의 둘째 아들 현일은 미수 허목의 천거로 관직에 나아가 대사헌을 거쳐 이조판서까지 올랐으며 여러 저술을 남겼다. 그리고 셋째 숭일은 현감을 지냈다. 나라를 위한 동량이 되고 학문적 성취를 이룬

아들들을 길러 낸 데에는 부인의 공이 컸다.

두들 마을의 재령 이씨 가문에서 장씨 부인에게 불천위 제사를 올리고 마을 앞에 유적비를 세우는 까닭을 가히 짐작할 만하다. 집안을 이렇게 크게 일으켰으니 장씨 부인이 남자였다면 가히 중시조 대접은 받았을 듯하다.

장씨 부인의 생애를 기록한 『정부인 안동 장씨 실기』를 통해 부인의 인품을 보여 주는 몇 가지 일화가 있다. 왜놈이 일으킨 임진왜란 병화로 백성들의 기근이 참혹할 때, 가마솥을 마당에 내걸어 놓고 굶주린 사람들을 구휼하니 원근에 의탁 없는 가련한 인생들이 부지기수로 모여들어 조석에 이백여 권구眷口가 가득했다고 한다. 이때 행랑에 있는 한 양반이 향사 모임에 가려 하나 도포가 없어서 가지 못하자 이시명이 입었던 옷을 벗어 주려 하였다. 장씨 부인이 "남을 주면 새 옷을 주어야지 어찌 입던 헌 옷을 주리오."라고 하면서 갈무려 두었던 새 옷을 주면서, "이 옷을 다시는 찾지 아니할 것이오."라고 하였다.

또한 집안의 비복들이 부인의 어진 마음씨에 저절로 감화되어 마음으로 복종하니 동네의 다른 집 하인들이 "우리 몸이 이렇게 세상에 나서 저 댁의 노복이 되지 못한 것이 한이라."라고 하였다. 늙고 의탁할 데 없는 이와 어린 고아를 구제하여 평생 유덕함이 이러하니 사람들이 왕왕 지성으로, "이 아기씨님, 수복 무강하옵소서. 우리 몸이 죽어 귀신이 되어도 이 은덕을 한 번 갚기 소원이라."라고 축수하였다. 부인의 자애로움이 가족에 그치지 아니하고 이웃사랑으로 확대된 삶의 실천은 특별한 의미가 있다.

문학과 예술의 재능

장씨 부인은 문장과 글씨에도 뛰어난 솜씨를 보여 준다. 장씨 부인이 지은 한시와 유묵들이 몇 점 전하는데 부인이 열다섯 살에 지은 「학발시」鶴髮詩가 대표적이다. 부인이 어렸을 때 80세의 이웃 할머니가 자식을 수자리에 보냈는데 해포가 지나도록 자식이 돌아오지 않았다. 부인은 숨이 떨어질락 말락 하는 노파의 슬픈 사연을 시로 지었으니 이것이 곧 학발시이다.

鶴髮臥病 行者萬里	흰머리 늙은이 병들어 누웠는데 멀리 간 자식은 만 리 밖에 있구나.
行者萬里 曷月歸矣	멀리 가 만 리 밖에 있으니 달이 차도 어찌 돌아오리.
鶴髮抱病 西山日迫	흰머리 늙은이 병을 안고 있으니 저무는 인생의 해는 서산으로 달려가네.
祝手于天 天何漠漠	하늘에 축수하여 빌어 보건만 하늘은 어찌 아득하기만 한고.
鶴髮扶病 或起或踣	흰머리 늙은이 병든 몸을 붙들고 일어나다가 또 넘어지는구나.
今尙如斯 絶裾何苦	지금 오히려 이와 같으니 헤어져 사는 것이 어찌 괴롭지 않으리.

군대 간 아들의 무사 귀향을 기다리는 백발 노파의 안타까운 모습이 열다섯 살 처녀의 눈에 애틋하게 비쳤으리라. 어렸을 때부터 이러했으

니 이웃에 대한 부인의 자애로운 마음은 천성이었던 듯하다. 이 자애로운 천품이 팔십 평생 가족과 이웃에게 두루 미쳤으니 그 훈화의 넓고 깊음이 어떠하였겠는가.

시구에 녹아 있는 연민과 애정은 부인의 익숙한 붓놀림으로 더욱 깊은 맛을 느끼게 한다. 부인이 쓴 것으로 전해지는 학발시의 글씨가 예사롭지 아니하다. 빼어난 기품에 유연한 부드러움이 획을 따라 미끄러지듯 흐른다.

한국 음식학의 기초를 놓다 - 『음식디미방』 저술

장씨 부인의 가장 뛰어난 성취는 한국 음식 연구의 토대가 된 『음식디미방』을 저술한 것이다. 장씨 부인이 행했던 가족과 이웃에 대한 사랑은 흘러간 시간 속에 묻혀 버렸으나, 부인이 남긴 『음식디미방』은 한식 조리법의 뿌리가 되었다.

1670년경에 저술된 『음식디미방』은 한글로 쓴 조선 최고最古 음식조리서의 하나로서 그 내용이 가장 풍부한 책이다. 장씨 부인은 당시의 음식 조리법을 대대손손 전하려는 뜻에서, 노년의 침침한 눈에도 불구하고 일평생 동안 익혀 온 각종 조리법을 상세히 기록하였다.

이 책에는 만두법, 세면법, 상화법, 빈자법, 박산법 등 약 146개 항목에 달하는 각종 조리법이 설명되어 있다. 붕어찜, 대구껍질 누르미, 족탕법, 연계찜, 개장국, 누른 개 삶는 법 등 흥미로운 조리법도 나온다.

『음식디미방』은 한국 음식의 역사를 연구하는 데 비교할 수 없는 귀중한 가치를 지녔다. 오늘날 전통 한식을 연구하고 옛 음식을 복원하는 전문가들은 이 책의 도움을 받지 아니한 사람이 없다.

『음식디미방』의 권말에는 부인이 직접 쓴 다음과 같은 필사기가 있다.

> "이 책을 이렇게 눈이 어두운데 간신히 썼으니, 이 뜻을 알아 이대로 시행하고, 딸자식들은 각각 베껴 가되, 이 책을 가져갈 생각일랑 절대로 내지 말며, 부디 상하지 않게 간수하여 빨리 떨어져 버리게 하지 말아라."

노년의 어두운 눈으로 간신히 이 책을 썼으니 그 뜻을 잘 알아 이대로 시행하고, 책은 본댁에 간수하여 오래 전하라고 당부한 내용이다. 후손들이 이 당부를 그대로 실천하여서 오늘날까지 온전한 모습 그대로 경북대학교 고서실에 보존되어 있고, 그 영인본이 여러 번 간행되어 한국 음식학의 고전이 되었다. 부인의 멀리 내다보는 생각과 선조가 남긴 가르침을 받들어 이 책을 지켜 온 후손들의 정성스러운 마음이 서로 감응한 결과라 아니할 수 없다.

● 문화재청 「월간문화재사랑」, 1999. 10.

한국 음식의 역사를 담은 보물, 『음식디미방』

"어두운 눈으로 간신히 이 책을 썼으니 부디 잘 간수하여라."

『음식디미방』의 끝에 저자 장계향이 쓴 당부의 말이다. 책을 다 쓴 후 이런 당부의 말을 붙여 놓은 사례는 매우 드물다. 이 책은 원래 영해 인량리 마을에 살던 재령이씨 존재 종가에 소장되어 있다가 경북대에 위탁되었다. 1960년 1월에 경북대 김사엽 교수가 당시의 총장 고병간 박사 송수기념논총에 이 책을 소개하는 글과 본문 사진을 처음 실었다. 그 후 6년 뒤 손정자 교수가 원문을 현대국어로 옮겨 그 내용을 널리 알렸다. 1980년에 황혜성의 해설문이 들어간 영인본이 나왔고, 2003년에 경북대 출판부에서 필자가 새로 판독한 본문을 넣어 원본 크기로 원색판 『음식디미방』을 출판하였다. 『음식디미방』이 경북대 도서관에 들어옴으로써 자료 접근성이 높아져 학계에 널리 알려졌고, 이로써 그 가치가 더욱 높아졌다. 여러 학자들이 이 책을 활발히 연구함으로써 저자 장계향의 업적을 드높였으니, 책을 잘 보존하라는 저자의 당부를 실천한 셈이다.

『음식디미방』이 학계뿐 아니라 일반인들에게도 널리 알려지게 된 것은 KBS 역사스페셜의 「300년 전 여성 군자가 쓴 요리 백과 음식디미방」이란 60분짜리 방송(1999.12.18.) 덕분이었다. 2005년에는 MBC의 보물찾기의 주인공이 되기도 했다. 글쓴이도 두 프로그램에 출연하여 이 책의 내용과 가치를 해설하였다. 두 개 방송 프로그램을 통해 이 책은 사람들의 관심을 끌었고, 실제 조리법을 배워 보려는 사람들이 크게 늘었다.

『음식디미방』은 책 이름이 두 개다. 책의 앞표지에는 '閨壼是議方'(규곤시의방)이라 씌어 있고, 본문 첫머리에는 '음식디미방'이라 써 놓았다. 앞표지의 한자 이름은 저자 장계향의 부군 이시명 혹은 아들 이현일이 붙인 것으로 본다. 본문 첫머리의 '음식디미방'은 장계향의 친필이므로 저자 본인이 붙인 이름이다. 저자 본인의 뜻을 존중하고, 이 책의 내용을 잘 표현한 '음식디미방'이 이 책의 정식 서명이 되었다.

『음식디미방』이 소중한 까닭은 무엇인가? 첫째, 이 책에 실린 145개의 조리 방문들은 350년 전 우리 조상들이 무슨 재료로, 어떤 음식을, 어떻게 만들어 먹었는지를 알려 준다. 둘째, 이 책에 담긴 음식 방문들은 한국 음식 조리법의 원형이며, 정통성을 지켜가는 샘물과 같다. '글로벌'과 '융합'의 큰 변화 속에 놓여 있는 오늘날의 세계적 흐름 속에서 이 책의 조리법은 한식의 맛을 새롭게 재창조하는 원형질과 같다. 셋째, 『음식디미방』에는 17세기 한국어의 생활 언어가 생생하게 담겨 있다. 『음식디미방』은 일상생활어를 그대로 적은 것이어서 한문 번역서에 없는 당시의 우리말이 풍부하게 반영되어 있다.

이 책에는 다른 음식조리서에 없는, 저자 장계향의 간곡한 당부의 글이 있다. 후손들에게 이 책을 떨어지게 하거나 가져 가지 말고 오래오래 잘 보존하라고 했다. 60여 년 전에 존재종가와 두들 마을 석계종가 후손들이 이 가르침을 잘 실천했다. 이제 우리 모두가 장계향의 당부에 귀를 기울여야 할 때이다.

● 매일신문 「대학도서관을 가다-경북대」, 2021. 3. 13.

경상도의 한글 음식조리서 전통과 음식 맛

지금도 그러하지만, 조선시대의 전통사회에서 곳간 열쇠를 쥐고, 집안 살림을 꾸려 가는 일은 여성들의 몫이었다. 여성들의 가사에서 가장 중요한 것이 음식 조리였다. 음식 조리는 나날의 식생활은 물론, 전통사회에서 여성의 중요한 책무였던 봉제사奉祭祀, 접빈객接賓客을 위해서도 매우 긴요한 일이었다. 그리하여 이름 있는 양반가에서는 나름대로 특유한 음식 조리법을 만들어 이를 기록하였고, 그 책을 대물림하였다. 좋은 음식을 잘 만드는 방법을 알아내고, 이를 딸과 며느리에게 가르쳐 주기 위해, 한글로 된 음식조리서를 짓거나 베껴서 이를 소중히 간직했던 것이다.

아직도 옛 법도를 지키려고 애쓰는 경상도의 몇몇 종가에서는, 집안에 전해 오는 특유한 음식을 중요한 집안 행사나 손님 접대 자리에 내놓는다. 경주 양동 마을에는 지금도 고유의 가양주를 접빈객용으로 빚고 있다. 이 양동 마을에서 자란 할머니 말에 따르면, 어렸을 적 집안의 술 곳간에는 40~50개의 술 단지들이 놓여 있었고, 오는 손님의 등급에 따라 각각 다른 단지의 술이 걸러졌다고 한다. 이처럼 술 빚기는 종가 운영에서 매우 중요한 것이었다.

흔히 전라도 음식에 비해 경상도 음식을 혹평하는 이야기를 필자는 여러 차례 들어 봤다. 최근에는 많이 달라져 경상도에도 맛난 식당들이 많이 생겨났다는 말도 한다. 이런 말을 들을 때 필자는 좀 의아스러운 느낌이 든다. 조선시대를 포함하여 최근세에 이르기까지, 우리나라에서 나온 한글 음식조리서는 경상도에서 나온 것이 가장 중요하고 대표적인 것이기 때문이다. 한글 음식조리서로서 가장 오래되고 종합적인 내용을 갖추고 있는 『음식디미방』은 안동과 영양 등 경북 북부지방의 조리법을 담고 있다. 그리고 안동 내앞 마을의 의성 김씨 종가에서 나온 조리서 『온주법』에는 종가의 음식 방문이 다채롭게 실려 있다. 게다가 전통 음식 조리의 내용을 가장 풍부하게 집대성한 『음식방문』(시의전서)는, 1919년 상주 군수로 부임한 심환진이 상주의 양반가에 있던 책을 보고 베낀 것이다. 이 책은 전통 음식조리서의 종합판으로 『음식디미방』과 함께 한국 음식학의 중요한 자료로 인정받고 있다.

이런 탁월한 음식조리서가 이 지역에서 지어지고 전해져 왔는데, 경상도 음식이 좋지 않은 평을 받는 이유는 과연 어디에 있을까? 필자는 두 가지 원인을 생각해 본다. 하나는 경상도의 밥상에는 반찬 가짓수가 얼마 되지 않는다는 점이다. 김치, 된장을 포함한 밑반찬 서너 개와 국그릇이 오르는 것이 전부다. 전라도 밥상에 오르는 반찬 가짓수에 비하면 초라하게 보인다. 그래서 먹을 것이 별로 없다고 생각한다. 특히 대구 명물이라고 알려져 있는 따로국밥은 국밥 한 그릇에 '무시짐치

(무 김치)' 한 그릇이 전부이다. 경상도 음식에 익숙지 않은 사람의 눈에는 손이 가는 반찬이 별로 없다는 생각이 들 수밖에 없다. 밥상 반찬의 가짓수를 줄이는 것은 검박과 절제를 중시하는 경상도 선비들의 가치관과 잘 어울리는 것이었다.

또 하나의 다른 이유는 경상도의 음식상에 오르는 반찬류가 좀 맵고 짜다는 점이다. 서울 토박이들은 경상도의 소고깃국에 벌겋게 뿌려진 고춧가루를 보고 깜짝 놀라기도 한다. 무를 넣어 담백하게 끓인 소고깃국을 즐기는 사람에게, 경상도식 소고깃국은 맵고 짠 대표적 음식이다. 맵고 짠 맛에 익숙지 않은 사람은 맛을 느껴 볼 겨를도 없이, 그 음식에 호감을 잃고 만다.

최근 영양군에서는 『음식디미방』의 옛 음식을 재현하고, 옛 맛을 되살리려는 노력을 하고 있다. 경주에서도 떡 축제를 열어 신라 천년의 음식 맛을 재창조하여, 관광객의 입맛을 당기는 행사를 벌이고 있다. 안동시는 간고등어를 명품으로 만들었고, 영천 돔배기도 별미의 왕꿈을 꾸고 있다. 이런 노력들은 경상도 음식 맛의 전통을 되살려 내어, 음식 조리에 대한 경상도 지역의 명예를 회복하게 할 듯하다. 그리하여 이곳에 살고 있는 사람들이 먹는 즐거움이 빚어내는 행복의 맛을 더욱 자주 누리게 되기를 기대해 본다.

● 경북대 신문 「영남문화산책」, 2008. 9. 7.

경상도에서 간행한 불교 포교서 『염불보권문』

조선시대의 불교는 고려시대에 비해 그 위상이 현저히 낮았다. 배불숭유排佛崇儒라는 국정 방향에 따라 수많은 사찰이 없어졌다. 범종을 녹여 금속활자와 무기를 만들었으며, 종파가 통합되면서 승려의 수도 격감하였다. 그러나 유교는 현세의 삶에만 관여하고, 죽음에 대해서는 아무런 답을 주지 못하였다. 죽음의 문제는 인간의 영원한 숙명이다. 유교적 삶을 실천한 조선시대의 유학자들 상당수가 가정생활에서는 불교적 신앙을 벗어나지 못하였다. 그리하여 불교는 백성들의 삶 속에서 꾸준히 명맥을 유지할 수 있었다.

불교의 가르침을 대중화하는 데는 한글이 크게 기여하였다. 세종대왕은 수양대군에게 붓다의 일대기를 담은 『석보상절』을 한글로 편찬·간행하게 하였고, 대왕께서 이 책을 보고서 손수 찬불가 『월인천강지곡』을 지으셨다. 세조 대에는 간경도감이라는 불교서 간행 기관을 나라에서 세워 많은 한글 불교서를 출판하였다. 이러한 책들은 모두 불교의 사상과 교리를 해설하는 것이어서 그 내용이 고매하고 매우 어렵다. 그리하여 일반 민중들은 이런 책을 읽을 수가 없었다. 책이 귀하기도 하였을 뿐 아니라 불교에서 가르치는 진리의 이치가 매우 난해했기 때문이다.

불교의 가르침을 일반 백성들이 직접 접할 수 있게 만든 책은 18세기에 가서야 간행되었다. 이 책이 바로 『염불보권문』念佛普勸文인 바, 책의 제목은 '염불을 널리 권하는 책'이라는 뜻이다. 이 책은 1704년에 예천의 용문사에서 한글 목판본으로 처음 간행되었다. 나는 1995년 7월에 예천의 용문사를 찾아가 이 판목을 직접 보기도 했다. 이 책은 그 후 1764년에 팔공산 동화사에서 판목을 새로 새겨 간행하였고, 1776년 합천 해인사에서 간행한 것도 있다. 이 밖에도 전라도 무장 선운사에서 간행한 것과 황해도 구월산 흥률사에서 간행한 판본도 있다.

이 책은 경상도에서 가장 먼저, 그리고 가장 많이 간행되었다. 경상도에서 간행한 원간본을 가져다가 다른 지역의 사찰에서 중간하였다. 경상도에서 처음 간행한 관계로 이 책에는 경상도 방언의 모습이 적지 않게 반영되어 있다. 예컨대 예천 용문사 판에는 '젼쥴 듸 업거를'(견줄 데 없거늘), '불 셔고'(불 켜고), '갈라 ᄒᆞ고'(가려 하고), '집픈'(깊은), '쥐견ᄂᆞ니라'(죽였느니라)와 같은 방언 어형이 나타난다. 이들은 1704년 당시 경상도 예천 사람들이 쓴 말을 그대로 반영한 것이다. 이 책은 민중들에게 포교하고자 하는 목적으로 간행되었던 만큼 민중들이 읽을 수 있도록 언문으로 쓰고, 또 그들이 일상에서 쓰는 말로 글을 지었던 것이다. 이 책들에는 군데군데 "대강 불법을 알도록 언문으로 써 알게 한다."와 같은 문장이 나오는데 불교 포교서로서의 성격을 잘 보여 준다. 동화사판과 해인사판에는 용문사판과 다른 내용이 일부 들어가기도 했지만 당시의 경상도 방언을 반영하고 있음은 마찬가지다.

특히 해인사판 『염불보권문』 맨 끝에는 판을 새기고 책을 만드는 데 시주를 한 현씨玄氏 부인의 행적이 실려 있다. 경상 좌도 밀양에 현씨 부인이 살고 있었다. 기사년 납월 어느 날, 마침 가사 입은 중이 와서 시주를 청하거늘, 현씨가 신심을 내어 시주를 하였다. 그날 밤 삼경에 부인의 입에서 저절로 염불이 나오니, 현씨는 추위와 더위, 밤낮을 잊고 염불을 독송하니 삼 년 만에 부처님을 친견하였다. 그 후 현씨는 스물일곱 해 동안 삼계행을 닦고 염불하였다. 현씨가 임종에 이르러 자손을 모아 두고 보권문을 새겨 널리 펴라고 유언하였으며, 이런 인연으로 해인사판 『염불보권문』이 탄생하였다.

경상도의 세 지역(예천, 대구, 합천)에서 각각 찍어서 펴낸 보권문은 모두 18세기에 이루어진 것이다. '나무아미타불'을 열 번만 염송하면 아미타불의 인도를 받아 극락정토에 왕생할 수 있다는 것이 이 책의 요지이다. 조선의 불교가 민중 속으로 뿌리를 내리기 위해서 어떤 방식으로 포교를 했는지 이 책은 잘 보여 준다. 불교 교리는 깊고 오묘하여 그 정수를 깨닫기가 참으로 어렵다. 보통의 백성들이 참선으로 득도하여 고통을 벗어나 해탈의 길로 나아간다는 것은 불가능에 가깝다. 이런 백성들을 구제하는 방법이 바로 염불 삼매경에 있음을 설파한 것이 이 책이다.

오늘날의 한국에서 불도佛道가 가장 센 곳은 경상도라고 흔히 말한다. 이렇게 된 역사적 배경에는 『염불보권문』이란 책도 한 자리를 차지하고 있다. 지역 인민이 일상어로 쓰는 말을 한글 문장으로 써서 누구나 읽을 수 있게 했다. 『염불보권문』은 가장 단순한 방식으로 부처의 가르침을 널리 펼친 책이었다.

● 경북대 신문 「영남문화산책」, 2009. 11. 25.

박광선이 쓴 생활 기록 『보덕공 비망록』

고령군 우곡면 도진리는 아주 잘생기고 예쁜 마을이다. 나지막한 청룡산 자락이 마을을 감싸고, 모듬내의 맑은 물이 그 앞을 흐른다. 소고 박광선(1562~1631)은 이 마을 출신이다. 1618년에 대과에 급제하여 1622년에는 세자를 가르치는 보덕輔德에 임명되었으나 인조반정에 연루되어 비운을 겪은 인물이다. 지금은 그의 후손 박돈헌 선생이 도진 마을을 지키고 있다. 문중의 고문헌을 보존해 오면서 선조 박광선이 친필로 쓴 글의 가치를 알아본 박돈헌 선생은 이 책의 영인본을 만들어 배포했다. 본문 첫머리에 「吾行錄」(오행록)이란 이름이 있고, 끝 장에는 「家傳規範」(가전규범)이란 이름이 있으나, 내용으로 보면 박돈헌이 이름 붙인 『보덕공 비망록』이 잘 어울린다.

한글과 한문으로 쓴 이 책에는 박광선이 일상생활에서 겪은 주요 사건이 적혀 있고, 음식조리법 · 병 치료법 · 약방문 등 다양한 생활 정보가 담겨있다. 일례로 한문으로 쓴 문장 중에는 을사년(1605) 정월 23일에 한강 정구가 이 마을에 와서 학암정에 석물 설치를 감독했다는 내용이 있다. 그리고 경신년(1620) 5월 유시에 한강 선생이 세상을 떠났다는 기록도 있다. 한강 선생과의 교류에 대해 중요 골자를 적어둔 것이다.

다양한 기록 가운데서도 나의 흥미를 끄는 것은 단연 한글로 쓴 각종 방문이다. 한글로 쓴 음식조리법 몇 가지를 소개하고 그 가치를 찾아본다. 메밀을 팔월에 파종하여 어린싹을 베어 김치를 담으면 가장 맛이 좋다는 메밀김치법이 이 문헌에 처음 나온다. 메밀김치 조리법은 다른 음식서에 전혀 나오지 않는다. 이 방문에 '김치'란 낱말이 최초로 등장한다. '딤치'나 '짐치'는 여러 문헌에 많이 나오지만 '김치'는 이 문헌에 나온 것이 가장 연대가 빠르다.

붕어를 잡아 배를 가르고 후추, 조피, 간장 등의 양념을 넣고 실끈으로 감아 구워 먹는 '붕어증법'이 기록되어 있다. 도진리 앞에 강물이 흐르니 붕어는 흔했고, 붕어찜은 일상 음식이었던 것이다. '닭채'는 암탉의 속에 온갖 양념을 넣어 솥에 삶아 내어 썰어서 초간장에 찍어 먹는 음식으로 묘사되어 있다. '닭채' 역시 다른 음식서에서 찾을 수 없는 음식이다. 어만두를 만드는 방법은 '좌랑댁'이 잘 안다고만 하고 그것의 조리법을 설명하지 않았다. 어만두를 만들려면 좌랑댁에게 물어보아야 하는 것이다. 정월 첫돼지날(亥日)에 시작하여 세 번의 해일을 거쳐 빚는 삼해주방문은 다른 음식서의 것보다 더 자세히 설명되어 있다. 찹쌀감주는 찹쌀 한 말로 밥을 지어 가루누룩 반 되와 술 반 병을 넣어서 만든다. 누룩과 술이 들어가는 점이 특이하다.

한문으로 쓴 소합주 방문이 흥미를 끈다. 소합환 열 알을 가루 내어 맑은 술을 부어 밀봉하여 따뜻한 곳에 두었다가 7일 후에 꺼내어 한 잔씩 마시는 술이라 했다. 이 술의 효능은 혈액 순환을 좋게 하고 늘어진 위를 다스리며, 치솟은 기운을 내리고 풍과 습기를 없애어 몸은 가볍고, 안색은 밝게 한다고 했다. 성주에 와 귀양살이하다가, 고령군 운수에 묻혔던 이문건(1494~1567)은 『묵재일기』에서 소합주를 마셨다고 적어 놓았다. "아침에 소합주를 먹으니 두 손이 따뜻해졌다."라고 그 효능까지 써 놓았다. 소합환의 제조법은 한의학서에 나오고, 청주 빚는 법은 도진 마을의 할머니들이 알고 계신다. 그러니 소합주를 도진 마을의 특산 향토주로 재탄생시킬 수도 있겠다. 『보덕공 비망록』을 활용하여 고령의 전통 음식문화를 되살려 내어 보자. 옛 기록 속에 오늘의 농촌 마을을 살리는 길이 있다.

● 영남일보 「우리말과 한국문학」, 2020. 6. 25.

일제 징용자가 아내에게 쓴 한글 편지

"처음에 나고야를 와서 보니 접전지와 다름없네. 날마다 적기가 백여 대씩 날아와서 폭발시키고 가네. 낮에는 적기가 오면 밥을 먹다가도 먹든 밥을 버리고 도망하고…"

이 문장은 일제에 징용되어 목숨을 잃을 상황에 처한 이운상이란 분이 고향의 아내에게 쓴 편지(남권희 교수 소장)의 한 구절이다. 편지 겉봉의 발신자 주소는 "나고야시 남구 본성기장(名古屋市 南区 本星崎長) 미쓰비시 제4료메이 숙사 제4구대 제14중대(三菱 第四 菱明寮 第四区隊 第一四中隊内) 李山云相"이다. '李山云相'(이산운상)은 창씨 개명을 강요당한 이운상이 일본식의 네 글자 이름으로 바꾼 것이다. '제4구대 제14중대'라는 주소지 표현 방식은 이운상이 징용되어 일본 기업 미쓰비시(三菱)사의 군대식 막사에 기거했음을 보여 준다. 미쓰비시 회사는 징용자들을 군대식으로 편제하여 숙소에 집단 배치했음도 이 편지가 증언하고 있다. 현재의 나고야에는 발신지 주소와 거의 동일한 료메이 미쓰비시(菱明 三菱) 전기기기 판매회사가 등록되어 있다. 이 회사가 바로 1945년의 이 편지에 등장하는 료메이 숙사 미쓰비시사의 후신일 듯하다. 편지 겉봉에는 나고야 우체국 소인 두 방이 찍혀 있다.

이 편지의 수신자는 '조선 전남 영광군 홍농면 월암 풍암부락'에 산 '李山炳千'으로 되어 있다. 원래 이름 이병천李炳千을 일본식으로 개명한 것이다. 편지 사연은 내가 귀국할 수 있도록 급히 전보를 쳐서 보내라는 간절한 부탁이다. 편지 수신자를 고향 마을의 어른 이병천으로 한 것은 이 편지글을 읽고 내용을 전달해 줄 수 있고 전보를 보내는 일에 도움을 줄 것이라 기대했기 때문일 것이다.

편지 본문은 편지지 석 장에 걸쳐 펜으로 쓴 것인데 언제 죽을지 모르는 절박한 상황이 그려져 있다. 날마다 미국 공군기가 공중 폭격을 가하는 내용뿐 아니라, 그 폭격에 조선 사람 수십 명이 죽어서 이들을 다 화장하여 고향으로 유골을 보냈다는 사연도 있다. 폭격으로 부서진 집의 잔해를 치우는 노동에 동원되어 두 달 죽을 고생을 했으나 대가는 한 푼도 받지 못했다는 내용도 있다. 영광에서 함께 징용대에 끌려 왔던 대장은 도망치고, 남은 사람 중에 급한 전보를 받고 돌아간 사람도 있다고 했다. 이운상은 아내에게 "나를 다시 보려거든 하루라도 바삐 급한 전보를 치고, 만일 그리 않고는 내 얼굴을 다시 보기 어렵네."라고 하며 급히 전보를 치라고 간청하고 있다. 이 말 뒤에는 "만일 아부지가 아시고 이 편지를 보면 큰 불효자가 될 것이니 아부지께는 이 말을 여쭈지 마소."라는 당부도 덧붙이고 있다.

이운상이 이 편지를 쓴 날짜는 1945년(소화 20) 2월 9일이다. 이때는 일본의 공군이 거의 궤멸되어 미국 공군 폭격기가 고베, 나고야, 동경

등 대도시에 소이탄을 쏟아붓던 시기였다. 나고야 소재 미쓰비시 공장에 군수품 노동자로 징용된 이운상은 언제 폭탄이 쏟아질지 모르는 나고야에서 생사의 기로에 처해 있었다.

편지를 쓴 이운상이란 분이 과연 살아서 돌아왔는지 궁금하여 홍농읍 사무소 직원, 풍암 마을 이경태 이장, 친지 이경해 씨 등과 차례로 통화하였다. 드디어 이운상의 장남 이희영 선생의 전화번호를 받아 그 후일담을 들을 수 있었다. 이운상(1924~1993) 선생의 편지를 받아본 부인은 오영길(1926~2013) 여사였다. 이운상은 결국 고향에 돌아와 야학을 열어 마을 사람을 가르쳤고 슬하에 7남 1녀를 훌륭히 길러 내셨다. 이 편지를 받은 부인이 급히 전보를 쳐서 사지에 처한 부군이 돌아올 수 있도록 했음이 분명하다. 살아남은 이운상의 성취를 듣고 한 사람의 생명이 얼마나 소중한 것임을 새삼 느꼈다.

● 영남일보 「우리말과 한국문학」, 2020. 2. 6.

일제강점기 대구에서 활동한 김광진의 한글 연구

김광진金光鎭(1885~1940)은 경북 의성군 비안면 자락리(도락촌)에서 태어나 자랐고, 대구를 중심으로 활동했던 분이다. 글쓴이가 2014년 10월 19일에 이 마을을 방문한 적이 있다. 김광진이 태어나 자랐던 집은 해악재라는 재실로 바뀌어 있었다. 내가 자락리를 방문하여 김광진에 대해 알아본 것은 그가 지은 「정음고」正音考라는 필사본을 연구하기 위함이었다. 문헌 자료에 대한 연구라 하더라도 관련된 현장을 조사해 보면 새로운 생각과 관점을 얻게 되고, 그 인물이 더욱 친숙하게 다가온다.

김광진은 고향 의성에서 한학 공부에 뛰어난 재주를 보이던 중, 그의 나이 25세가 되던 1910년에 한일 합방이 되어 버렸다. 그는 신학문에 대한 열망을 품고 대구 북성로에 세워진 우현서루를 찾아갔다. 우현서루에 소장된 신학문 서적을 열람하였고, 대구의 협성학교에 입학하여 새로운 공부를 시작했다. 27세에 협성학교를 졸업하고 청도의 공암학교 교사, 28세에 대구 명신학교 교사를 지냈다. 그가 34세 되던 1919년에 3월 독립운동 당시에 격문을 써서 돌리고 거사에 참여했다. 그 후 일제 경찰에 쫓겨 의성, 문경, 울주 등으로 피해 다니다가 35세에 만주 봉천으로 건너가 활동했다. 36세에 병으로 귀국하였고, 달성군 월배학교 교장에 초빙되었다. 39세에 의사고시에 합격하여 대구 산격동에서 한의원을 열어 생계를 유지하며 저술에 몰두했다. 김광진은 의학, 병법, 양명학 등에 관한 많은 저술을 남겼다.

42세에 신간회 대구지부장으로 피선되어 민족 자주 운동에 가담하였다. 그의 나이 44세 되던 1929년에 한국 최초의 경제학 박사(독일 베를린 대학 학위)이자 조선어학회의 핵심 인사로 일한 이극로 박사를 대구에 모셔 귀국 환영회를 열기도 했다. 김광진과 이극로의 만남은 김광진이 국어 연구에 관심을 가진 계기가 되었고, 그 후에도 편지를 주고받는 등 교류를 이어갔다.

김광진은 1940년 8월 20일에 세상을 떠났다. 『정음고』에 실린 그의 서문은 1939년 11월 28일에 쓴 것이다. 이 서문에서 정음에 대해 본인 나름대로의 생각을 가지고 있었으나 "생계에 골몰하여 머뭇거리다가 결실을 얻지 못했고, 이제 병들어 내 명을 재촉하니 세상에 나의 견해를 공표하지 못하고 지하로 돌아갈까 염려하여, 정음에 대해 생각한 바를 기록한다."라는 소회를 밝혔다. 1939년 11월 28일에 『정음고』 서문을 쓰면서 집필을 시작했고, 1940년 7월 20일에 병중기病中記를 원고 안에 써넣어 마무리했다. 그리고 1940년 8월 20일에 세상을 떠났으니 병중기를 쓴 후 한 달 만에 세상을 떠난 것이다. 『정음고』는 김광진의 방대한 저술 중에서 마지막을 장식한 노작이라 하겠다.

김광진이 『정음고』를 저술하던 1939년과 1940년경은 일제강점기 중에도 '암흑기'에 해당하는 때이다. 일제는 조선을 식민지가 아니라 완전히 일본 영토의 일부로 만들기 위해 세계 식민지 역사에 그 유례가 없는 조선어 말살 및 창씨 개명 정책을 감행했다. 이 당시의 조선어 연구는 목숨을 내놓고 하는 독립운동이었다. 김광진이 조선어 어문을 연구하여 『정음고』라는 저술을 지은 것도 그가 참여했던 독립운동의 언어학적 변용인 셈이다. 그는 조선 국권 회복단에 가입하여 적극적으로 활동하였고, 3・1운동에 참여하여 격문을 썼으며, 만주로 피신하여 활동하기도 했다. 『정음고』는 조선어 연구를 통해 대한 독립과 민족정신 회복에 기여하려는 김광진의 실천적 성과물인 것이다.

● 영남일보 「우리말과 한국문학」, 2020. 4. 16.

김광진의 생애에 관한 정보는 최재목 교수와 박지현 박사의 다음 논문을 이용하였다.

최재목(2009), 일제강점기 신지식의 요람 대구 우현서루(友弦書樓)에 대하여, 『동북아문화연구』 19집, 동북아문화학회.

박지현(2014), 한말 일제 강점기 유교 지식인의 지적 곤경과 근대 지식의 모색 -海岳 金光鎭의 『海岳文集』 편찬과 간행을 중심으로-, 『민족문화』 44집, 한국고전번역원, 249-276.

애국지사 김태린이 지은 어린이용 천자문

우리나라 사람에게 가장 잘 알려진 옛 책 이름을 꼽아 보라면 '천자문'이란 책도 한 자리를 차지한다. 천자문은 어린이들이 한자를 배울 때 시작하는 입문서로 알려져 있으나 실제 이 책 속에 담겨 있는 1,000자 중에는 어려운 글자가 적지 않다. 천자문의 1,000자 중에는 1972년에 정한 교육용 기초한자 1,800자에 들어가지 않은 글자도 있다.

천자문에 들어간 글자에 어려운 글자가 많다 보니 좀 더 쉬운 한자를 넣기 위해 만든 천자문 종류의 책이 여러 개 나왔다. 그중의 하나가 이 글에서 소개하려 하는 『동몽수독천자문』童蒙須讀千字文이다. 이 책 제목의 뜻은 '어린이가 꼭 읽어야 하는 천자문'이 된다. 이 책은 1925년에 김태린金泰麟(1869~1927)이 저술하여 직접 자필로 쓴 것이며, 1986년에 김태린의 손자 김위호金謂鎬 옹이 영인하여 세상에 소개하였다. 이 영인본 책에는 "밀양군 청도면 소태리 725번지 김태린 지음"이라 되어 있다. 밀양군 안에 '청도면'이 있었던바 이 지명은 지금 우리가 알고 있는 '청도군'과 다르다.

글쓴이는 2005년에 밀양 소태리를 찾아가 김위호 옹을 직접 만났으나 원본은 확인하지 못하였다. 원래 김태린 옹이 붙인 책 제목은 '동몽수독'이다. 그의 손자 김위호 옹이 영인본을 내면서 그 뒤에 '천자문'을 덧붙였다. 김위호 옹이 '千字文'을 덧붙인 이유는 이 책의 한자가 천자문과 동일한 1,000자로 되어 있고, 어린이의 한자 학습을 위한 것으로 천자문과 그 성격이 같기 때문이다.

1896년에 조병길이 청도 군수로 와서 육영사업에 관심을 두고, 경내의 재주 있는 선비 18명을 뽑아 그들의 공부를 시험해 보았는데, 김태린이 가장 우수하였다. 1897년에 문중의 부형들이 동산 아래 태양제台陽齋를 짓고 그에게 자제들을 가르치게 하였다. 김태린은 능력에 따라 생도의 등급을 나누어 힘써 가르쳤다. 요즘 말로 수준별 학습을 시켰는데 그 효과가 자못 컸다고 한다.

김태린은 일제강점기 하에 전국의 유림 137인이 동참한 파리 장서에 서명한 애국지사이다. 경술년(1910) 7월 조선이 일본에 합병되자 김태린은 비탄에 빠졌고, 그 슬픔을 '오호시'嗚呼詩를 지어 읊었다. 파리 장서에 서명한 후 일본 경찰의 취조를 받는 고초를 겪었다. 그때 당시의 서명은 요즘 흔히 하는 서명과 달리 말 그대로 죽을 각오로 목숨 걸고 하는 행위였다.

김태린은 1925년에 중풍으로 눕게 되면서 아이들을 가르치던 교재 『동몽수독천자문』을 다시 고쳐 지었다. 이는 아이들의 교육을 위한 그의 뜻이 결실을 맺은 것이라 하겠다. 김태린이 직접 짓고 쓴 『동몽수독천자문』의 음훈, 특히 훈에는 당시의 경상도 밀양 방언이 많이 반영되어 있다. 글쓴이가 영남에서 나온 많은 옛 문헌을 조사하고 연구해 보았는데 이 책만큼 경상도 사투리를 '찐하게' 반영한 책을 아직 본 적이 없다.

몇 개의 예를 들어 보자. 이 책에 실린 '방가시'는 '방의 갓쪽'을 뜻하는데 '방 가세'와 같은 방언형이다. '밥그륵', '숙가락', '뚝기비'(두꺼비), '삐들키'(비둘기), '빼부쟁이'(질경이), '춘시'(추녀), '입슈구리'(입술), '뽈택이'(턱), '브부리'(벙어리), '위아재비'(외삼촌), '개똥벌기'(반디), '소똥벌기'(소똥구리), '귀드리'(구더기) 등 정말 경상도 사투리다운 낱말들이 수두룩하게 실려 있다. 지금의 사투리에서 확인되지 않아 이미 사라져 버린 낱말도 더러 보인다. '자븜그지'는 자벌레를 뜻하는데 요즘의 노년층에서도 쓰이지 않는다. 무슨 뜻인지도 알아내기 어려운 '서저리', '명낵이', '수부나무', '뱀츄' 등과 같은 낱말도 이 책에 실려 있다.

우리 고장에서 나온 한글 문헌에는 이 지역의 언어와 문화가 녹아들어 있다. 이런 문화 자산들이 있기에 그 두터운 바탕 위에서 우리의 삶이 더욱 풍성해질 것임은 말할 나위가 없다. 그러나 그냥 내버려 두면 죽은 문화 자산이다. 현재의 우리가 경험하여 알고 배움으로써 우리 삶의 자양분으로 활용할 수 있다. 이런 점에서 애국지사 김태린 옹이 아이들을 가르치기 위해 지은 『동몽수독천자문』은 귀중한 책이다. 그는 일제의 암흑기를 살면서 당시의 지식인으로서 현실에 대응하는 길은 아이들 교육에 있다고 보았고, 그가 살던 고장에서 쓰던 입말로 『동몽수독천자문』을 지었던 것이다.

● 대구일보, 2011. 11. 15.

한글 보급에 큰 공을 세운 『훈몽자회』

경북대 도서관에는 어린이에게 글자를 가르치기 위한 『훈몽자회』가 소장되어 있다. 요즘은 어린이에게 한글과 영어를 많이 가르치나 조선 시대 때는 한문자 교육이 중심이었고, 한글은 곁들여 가르쳤다. 한글 반포 이후, 한자에 한글 토를 붙여서 간행한 최초의 아동용 한자 교재는 『초학자회』初學字會(1458)란 책이다. 세조가 김구와 이승소 등 열두 사람을 뽑아 『초학자회』를 편찬케 했다. 그런데 이 책은 동국정운식 한자음 순서를 취하여 한글로 표기한 한자음을 앞세우고, 이 음에 해당하는 한자들과 각 한자의 뜻풀이를 한글로 달아 놓았다. 예컨대 '동'이란 한자음 뒤에 '東 同 童 冬' 등의 한자를 배열하고 각 한자 밑에 '동녁' 등의 훈을 붙이는 방식이다. 이런 순서는 기존의 한자 학습서인 『천자문』이나 『유합』과 전혀 다르고 생소한 것이었다. 그래서 『초학자회』는 단 한 번만 간행된 후 절판되었다.

이어서 나온 아동용 한자 교재가 최세진의 『훈몽자회』訓蒙字會이다. '훈몽자회'는 어린이를 가르치기 위한 글자 모음이란 뜻이다. 천자문보다 훨씬 많은 3,360개 한자의 음과 뜻을 한글로 표기한 『훈몽자회』는 1527년에 금속활자로 처음 간행되었다. 이 책 머리에 한글을 배우기 쉽도록 설명한 「언문 자모」가 실려 있다. 우리가 쓰는 '기역, 니은, 디귿…' 등의 한글 자모 이름이 여기에 처음 나온다. 「언문 자모」는 한 장 정도의 분량이지만 한글을 처음 배우는 사람에게 매우 쓸모 있는 것이었다. 이것만 있으면 한글을 어렵지 않게 배울 수 있었다. 그래서 사찰 승려가 공부하는 진언집의 책머리에 「언문 자모」를 그대로 옮겨 실었다. 최세진 덕분에 많은 승려가 한글을 쉽게 배웠던 것이다.

최세진은 당대 최고의 언어학자로 중국어 학습서와 『사성통해』 등 17종의 저술을 남겼다. 그가 지은 『훈몽자회』는 천자문의 세 배가 넘는 한자를 풀이하여 실었고, 각 한자에 주석까지 붙였다. 한자 넉 자를 한 행씩 짝지어 뜻이 가까운 한자를 서로 이어서 배열했다. 예컨대 신체 내부를 뜻하는 넉 자 '心肝脾肺'(심간비폐)자를 놓고, 각 한자 밑에 '념통 심, 간 간, 말하 비, 부화 폐'와 같이 한글 음과 훈을 붙였다. 얼굴을 뜻하는 넉 자 '顏面形容'(안면형용)를 이어 놓고, 각 한자에 '낯 안, 낯 면, 얼굴 형, 즛 용'이라는 한글 음과 훈을 붙였다. 최세진은 학습의 효율성을 높이려고 한자 배열과 한글 풀이에 고심하였다. 3,360자를 각각 넉 자씩 짝지어 외기 쉽도록 구성하고 주석과 뜻풀이를 하였다. 이 책을 지은 후에 최세진도 『천자문』을 지은 주흥사처럼 흰머리가 되었을 듯하다.

초간본이 나온 이후 『훈몽자회』는 전국의 여러 지방에서 재간행되었다. 남쪽으로 고성과 제주도, 북쪽으로는 회령과 상원祥原 지방에 이르기까지 이 책이 출판되었다. 경북대학교 도서관에 소장된 『훈몽자회』는 거제도와 인연을 가진 판본이다. 이 판본은 『훈몽자회』의 여러 이판본 중 판목이 보존되어 있는 유일본이고, 이 판목에서 찍은 책이 경북대에 소장된 것이다.

● 매일신문 「대학도서관을 가다-경북대」, 2021. 7. 3.

한글 금속활자를 자세히 보다

지난 2021년 6월에 서울 공평동에서 건물 신축을 위한 터파기 공사를 하던 중, 말 그대로 보물단지가 발견되었다. 상부가 깨어진 독항아리 속에서 세종대부터 선조 초기에 이르는 기간의 금속활자와 금속제 유물이 무더기로 쏟아졌다. 금속활자의 나라, 한국이 그 명성을 드높일 수 있는 보물이 발견된 것이다. 고려의 금속활자 전통을 이어받은 조선의 세종은 금속활자 주조와 천문 기기 제작에서 큰 발전을 이루어냈다. 이번 발굴에서 이 두 가지 유물이 한꺼번에 나왔고, 국민의 관심은 한글 금속활자에 쏠렸다. 세종이 만든 최초의 한자 금속활자는 경자자庚子字(1420)이고, 이를 개선하여 갑인자甲寅字(1434)를 주조했다. 이번에 발굴된 한자 활자에는 세종이 만든 갑인자가 포함되어 있다.

그런데 한글 금속활자로서 그 연대가 가장 빠른 것은 1447년에 간행한 석보상절과 월인천강지곡에 쓰인 활자이다. 이 문헌들에 쓰인 한글 활자는 이번에 나오지 않았다. 두 번째 만들어진 한글 금속활자는 을해자乙亥字(1455)의 한글자이다. 이번에 발견된 활자 중에 을해자 한글자가 있다. 을해자는 세조 즉위년에 만들어져 능엄경언해 초간본(1461)을 찍는 데 쓰였다. 이 책에 쓰인 동국정운식 한자음 표기 한글 활자가 이번에 처음 나타났다. 이 활자로 찍은 책 속의 글자는 우리가 이미 보아온 것이나 실물 활자는 없었다. 국립중앙박물관에 소장된 한글 활자 중 30여 개의 을해자가 있으나, 동국정운식 한자음 표기를 확실하게 보여주는 것은 아니다. 이번에 발굴된 한글 금속활자 중에는 'ᅘᅬᆼ', 'ᄫᅮᆼ', '우ᇙ', '짱'과 같은 동국정운식 한자음 글자가 있다. 소리의 고저를 표시하는 부호인데 방점傍點이라 부른다. 이번에 발굴된 활자 중에 방점이 붙은 글자는 없었다. 그 이유는 방점을 활자와 별도로 만들어 조판했기 때문이다.

발굴된 한글 금속활자의 크기는 큰 자, 중간자, 작은 자, 아주 작은 자로 네 가지이다. 그런데 하나의 문헌에 쓰인 활자는 보통 두 가지, 많으면 세 가지다. 네 가지가 한꺼번에 나온 것은 여러 해에 걸쳐 쓴 활자들을 한데 모아 두었기 때문이다. 자모자 종류로 보면, ㅿ과 ㆁ자가 보이고, ㅺ ㅼ과 같은 두 글자 병서자도 발견되었다. 그러나 ㅴ ㅵ와 같은 세 글자 병서자와 ㅸ이 쓰인 글자는 없었다.

활자의 글자는 요즘의 도장처럼 뒤집어 새겨져 있고, 종이에 찍으면 바른 글자가 나온다. 발굴된 활자 중에 '옷'자가 있었다. '옷'자는 뒤집어도 그 모양이 '옷'이다. '짱'자도 같이 나왔다. 이 두 활자를 나란히 놓으니, '옷짱'이 되었다. '옷짱'은 옷을 잘 입는 사람인데! 참 귀여운 낱말이군! 활자를 분석하는 자리에서 같이 보던 분들과 우스개를 나누기도 했다.

세종은 훈민정음을 반포한 후 세 가지 인쇄기술을 모두 시험해 보았다. 훈민정음 해례본은 목판에 한글자를 새겨서 인쇄한 책이고, 석보상절과 월인천강지곡은 한글 금속활자를 주조하여 인쇄한 책이다. 동국정운에서는 한글자를 나무활자로 조각하여 인쇄했다. 목판 한글, 금속활자 한글, 목활자 한글을 모두 책 출판에 적용한 것이다. 이 세 가지 인쇄 방식은 출판의 전범이 되어 대한제국기까지 이어졌다.

이번에 발견된 유물에는 주야 겸용 시계인 일성정시의日星定時儀가 있다. 이는 세계 어느 나라에서도 만들지 못한 발명품이다. 세종이 만든 세계 최고의 문자인 한글, 한글을 새긴 금속활자, 정밀한 눈금이 새겨진 해별 시계의 고리를 들여다보면서 내 마음은 저절로 임금님 앞에 엎드려졌다.

● 영남일보 「우리말과 한국문학」, 2021. 7. 15.

저자 백두현(白斗鉉)

1955년 경북 성주(星州) 연산 마을 출생. 경북대학교에서 대학과 대학원을 마치고 1990년 2월에 문학박사 학위를 받았다. 경성대학교 부교수를 거쳐 현재 경북대학교 인문대학 국어국문학과에 교수로 재직하고 있다. 『영남 문헌어의 음운사 연구』, 『석독구결의 문자체계와 기능』, 『현풍곽씨언간주해』, 『음식디미방주해』, 『한글 문헌학』, 『현장 방언과 문헌 방언 연구』, 『국어음운사와 어휘사 연구』, 『한글생활사 연구』 등의 학술서를 냈다. 연구 성과를 교양시민과 공유하기 위해 『경상도 사투리의 말맛』, 『한글편지로 본 조선시대 선비의 삶』, 『한글편지에 담긴 사대부가 부부의 삶』, 『한국어는 나의 힘』(공저), 『한국어에 힘 더하기』 등의 교양서를 출판했다. 훈민정음과 한글문헌, 한글생활사, 석독구결과 고대국어 자료 등 국어사에 관련된 연구를 하여 130여 편의 논문과 저서를 냈다.

한국어에 힘 더하기

초판 인쇄 2021년 8월 3일
초판 발행 2021년 8월 10일

저　　자 백두현
펴 낸 이 이대현

책임편집 권분옥
편　　집 이태곤 문선희 임애정 강윤경
디 자 인 안혜진 최선주 이경진
마 케 팅 박태훈 안현진

펴 낸 곳 도서출판 역락
주　　소 서울시 서초구 동광로 46길 6-6(반포4동 문창빌딩 2F)
전　　화 02-3409-2060(편집부), 2058(영업부)
팩　　스 02-3409-2059
등　　록 1999년 4월 19일 제303-2002-000014호
이 메 일 youkrack@hanmail.net
홈페이지 www.youkrackbooks.com

ISBN 979-11-6742-187-6 03710